国家出版基金项目
NATIONAL PUBLICATION FOUNDATION

"百部好书"扶持项目
GUANGDONG PUBLISHING

创客志

中国创业经典
案例研究

草根创业逐梦令

樊建平　张玉利　主编　　杨柳　著

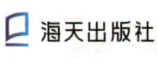

海天出版社
· 深圳 ·

图书在版编目 (CIP) 数据

草根创业逐梦令 / 樊建平, 张玉利主编；杨柳著. ——
深圳：海天出版社, 2018.12
（创客志：中国创业经典案例研究）
ISBN 978-7-5507-2513-3

Ⅰ.①草… Ⅱ.①樊… ②张… ③杨… Ⅲ.①企业管
理—案例—中国 Ⅳ.①F279.23

中国版本图书馆CIP数据核字（2018）第244317号

草 根 创 业 逐 梦 令
CAOGEN CHUANGYE ZHUMENGLING

出 品 人	聂雄前
责任编辑	邱玉鑫　张绪华
特约编辑	薛静萍
责任技编	陈洁霞
责任校对	叶 果
封面设计	李 礼

出版发行	海天出版社
地　　址	深圳市彩田南路海天大厦　（518033）
网　　址	www.htph.com.cn
订购电话	0755-83460239
设计制作	蒙丹广告0755-82027867
印　　刷	深圳市新联美术印刷有限公司
开　　本	787mm×1092mm　1/16
印　　张	13.25
字　　数	110千
版　　次	2018年12月第1版
印　　次	2018年12月第1次
定　　价	68.00元

总序

从 2011 年"maker"一词被翻译成"创客"进入中文，到 2015 年"创客"第一次进入政府工作报告，短短几年，创客就从原本的小众文化发展成我国一、二线城市流行文化的组成部分，并且和创新创业联系在一起，形成北京、上海、深圳三大创客文化生态圈。

相信很多人跟我一样，就是在这段时间开始知道创客、认识创客，并且逐渐有了一些了解。让我真正对创客感兴趣，并且想为创客写点儿东西的是国务院总理李克强对创客的肯定。2015 年 1 月 4 日，国务院总理李克强考察深圳柴火创客空间，并且在现场体验之后说："创客充分展示了大众创业、万众创新的活力。这种活力和创造，将会成为中国经济未来增长的不熄引擎。"因为生活在深圳，因为曾经作为记者积累的资源，我有许多机会接近创客群体，对他们了解得越多，我的书写愿望就越强烈。因为我特别希望能把自己了解到的创业故事和创业经验分享给更多不断加入创业大军的朋友们，帮助他们理性创业，在创业初期尽量避免踏入一些"坑"，少走一些弯路。

想不到的是，在深圳，也有人和我一样。2016 年，当接到海天出版社的邀请，了解"创客志：中国创业经典案例研究"出版项目的策划思路之后，我既激动又忐忑。激动的是竟然遇到知音，离实现愿望又近了一步；忐忑的是，这是为改革开放四十周年献礼的重要项目，海天出版社从 2015 年就已经开始酝酿，不知我是否能够胜任。海天出版社的回复让我心安。该项目的两位主编都是"大咖"：樊建平教授是中科院深圳先进技术研究院院长，有"人才伯乐"的美誉，在汇聚高端人才、探索科研体制创新方面有突出成绩；张玉利教授是南开大学博士生导师、教育部长江学者特聘教授，也是教育部高等学校创业教育指导委员会委员，在推动创业研究与教育工作方面颇有建树。此外，知名创客平台中科创客学院也将给予专业指导和资源支撑。如此，后顾之忧少了，我也就鼓足勇气承接了这套丛书的采访和主要撰写工作。

此后，经过将近一年的调研和讨论，这个项目的脉络逐渐清晰，最终确定了欣赏性与研究性共存的编撰理念，既全面展现我国当前的创新创业形态，又集中反映近二十年涌现的创业群体。在此基础上，为了将创业者的经验更科学地归类整理，方便读者各取所需，按照创业主体类型，我们划分出众创空间、明星企业创业、高级知识分子创业、高管创业和草根创业等五类，最后形成五个分册。其中，《创客的梦想家园》对国内外创客空间进行对比研究，总结出我国众创空间的六大模式，重点介绍了十三家知名众创空间；《明星企业的逆袭传奇》介绍了马化腾、陈清州、高云峰、周剑等明星企业家的创业经历和对未来的规划；《从高知到企业家的蝶变》介绍了刘自鸿、盛司潼、汪之涵、黄源浩、陈宁等高层次人才的创业故事，总结出高知创业者死亡陷阱和"六大生存法则"；

《高管创业的基因解码》介绍了唐欣、李建成、古永承等从华为、腾讯、比亚迪、中兴通讯等大型科技企业出来的高管创业者，归纳出高管创业者的"制胜五式"；《草根创业逐梦令》采访了为草根创业者服务的深圳梧桐会负责人苗科学，以及刘培超、黄嵩、汤洋等草根创业者的创业历程，总结了草根创业的四个关键字。

这个项目的采访和撰写时间集中在 2017 年。2018 年 1 月成稿后，因为部分企业又有了新的发展，通过和企业确认，相关信息更新至 2018 年 6 月。唯一更新至 2018 年 10 月的是腾讯创始人马化腾的资料。在 2018 年 10 月 24 日，全国工商联举行新闻发布会，发布由中央统战部、全国工商联共同推荐宣传的"改革开放 40 年百名杰出民营企业家"名单。马化腾入选该名单。

成功的故事人人爱讲，但是如果有人愿意跟你分享经历过的窘境，甚至失败，那一定是对你怀着莫大的信任。很幸运，在采访的过程中，绝大部分受访者都给了我这样的信任。例如，马化腾说，当年在求融资无望的情况下差点儿卖掉 QQ。又例如，优必选创始人周剑说，为了研发人形机器人，卖掉了自己所有的房子和车子。再例如，大族激光创始人高云峰说，最初为了获得发展资金，出让了控股权。因为这样的信任，这套丛书的内容更加精彩，也更具借鉴意义。我发自内心深深感谢这些可爱又可敬的创业者。

在采访、撰写过程中，海天出版社的领导和相关人员也做了大量工作，用一个个振奋人心的消息鼓励我克服困难：2017 年，"创客志：中国创业经典案例研究"出版项目被列入"十三五"国家重点图书、音像、电子出版物规划项目；2018 年，该出版项目获得 2018 年度国家出版基金资助，入选广东省重点出版物暨"百部好书"，同时被列为广东省纪念改革开放四十周年重点选题。在萌生为创客写点儿东西的想法的时候，我从没想到我的愿望竟能以这么华丽的形式实现。我真的非常感谢海天出版社。

我们有幸生长在这样一个美好的时代，我们不能辜负这个时代和机遇。谨以"创客志：中国创业经典案例研究"丛书向这个时代、向每一位孜孜奋斗的创业者致敬。

杨柳

2018 年 10 月 26 日

前言

草根创业者的春天到了

在中国，创客大多来自草根阶层，组织松散，很难成为游戏规则的主导者，创造有利的竞争空间。但他们思维活跃，善于发现市场需求中的痛点，并且能够围绕痛点提供创新型解决方案；善于抓住大势而有所创新，有所突破。这成为草根创业者的一个显著特点。

苗科学曾任职于腾讯，现在是深圳梧桐会的CEO[①]。梧桐会团结了数以千计的优秀创业者，其中很大一部分是草根创业者。从苗科学的分析中，我们可以窥当前草根创业之一斑，为草根创业者在这个时代的发展留下一个真实的注脚。

苗科学总结了关于草根创业者的四个关键字，并乐观地预言："草根创业者的春天到了！"

关于草根创业者的四个关键字

苗科学说："我从2013年秋天开始专职运营梧桐会，根据我个人的

---

① 首席执行官（Chief Executive Officer）。

观察,总结出关于草根创业者的四个关键字,那就是'势''磨''真''变'。简单地说,就是善于抓大势、耐得住磨砺、对用户很真诚、善于变化求发展。"

第一个关键字是"势"。根据苗科学的分析,草根创业的"势"逐渐清晰。可以说,现在草根创业赶上一波又一波不错的发展趋势,移动互联网时代,第一波创业浪潮出现在2010~2011年,集中在移动营销、移动游戏领域里创业的草根英雄不断涌现,之后是智能硬件、O2O①产业大爆发。到了2015年、2016年,虚拟现实和增强现实技术火起来,人工智能、泛娱乐产业的热潮袭来,而且每波浪潮到来的时间更短、频次更高,许多创业者善于抓住大势,也更容易被趋势所席卷,受到更加深刻的影响。

第二个关键字是"磨"。草根创业者的先天条件决定了他们必须像"草根"那样耐"磨"。就如苗科学所说,"相比富二代,优秀的草根创业者由于缺乏资源、缺乏资本,因此更有干劲、韧劲,更能吃苦耐磨,更耐得住寂寞。有的草根创业者曾经多次创业,失败了重新再来。可以说,很多成功者是磨出来的。"苗科学讲述了周聪伟的创业故事,这是一个关于"磨"的极好注解:2010年,周聪伟从做语音微博入手开始创业,由于赋予产品过多功能,导致主打产品功能定位不清晰,创业不成功。2011年,他开发了移动社交产品"VIMI",特色是提供免费短信服务,没想到同年春天,腾讯推出微信,一下席卷全国。"VIMI"丝毫没有生存下来的可能了。到这个时候,周聪伟没有更好的项目和想法了,只能靠"耐磨"先活下来,软件外包、技术服务等,什么活儿都接,只是为了把

---

① 线上到线下(Online To Offline),指将线下的商务机会与互联网结合,让互联网成为线下交易的平台。

十几个人的团队养起来。如此撑到了 2013 年。周聪伟最擅长的还是开发移动社交产品，他针对"90 后"群体，做了一款以娱乐游戏为特色的社交产品——"对面"。在这个平台上，用户可以装扮自己的空间，也可以玩一些游戏。这个社交产品目前积累了 1 亿多的用户，企业估值数十亿元[①]。正是因为耐磨，周聪伟实现了成功创业的梦想。

第三个关键字是"真"。在苗科学眼里，"草根创业者对人、对事、对用户非常真诚。互联网时代是用户的时代，抓住了用户，就抓住了会员，有用户就有了商业价值，就能让创业团队活下来，所以，真诚地对待用户，把用户价值放在第一位，这是草根创业者非常重要的一个特点。"他介绍了一位非常低调的创业者，是做应用程序开发的龙先生。龙先生曾说："我既没有名气和背景，也不是名校毕业；既不是官二代，也不是富二代。我在一家公司上班几个月之后就开始创业。我只是大专学历，找工作是很难的，还不如自己干。我们现在主要是为企业做应用程序开发。我们坚持以市场为导向，把客户的钱当饭吃，政府的补贴当菜吃。我们不会专门为拿政府补贴而作秀，我们必须把业务做得扎扎实实，让客户百分之百地满意，这样就能当纳税大户，解决更多人的就业问题。"

第四个关键字是"变"。苗科学认为，求新求变是草根创业者的核心竞争力，他们能更灵活地调整方向及策略，当某条路走不通时能够及时变通，甚至多次调整。他讲述了土巴兔创始人王国彬的故事。王国彬 2000 年在读中学的时候就开始人生第一次创业，在江西老家开办计算机培训学校，之后又投资成立了一家装修公司，2005 年到深圳办了一家互

---

① 本书中无特别注明币种的"元"，均指人民币。

联网搜索引擎公司，这个项目做了两年多，最后还是失败了。经历了几次创业起伏之后，王国彬认识到创业开始的时候就要有商业价值，于是在 2008 年开始构建土巴兔的商业模式。2011 年，土巴兔向交易平台转型。2015 年，土巴兔迎来了高速发展，获得 58 同城、红杉资本、经纬创投共同投资的 C 轮融资 2 亿美元。

创业者的倾听者、合作者

草根创业者需要加强交流、需要专业辅导、需要社会认同。深圳有很多创客平台和孵化器，可以为草根创业者提供成长发展的物理空间。但在知识提升、跨界交流方面，创业者还需要更专业的机构为他们提供优质服务。梧桐会就是针对这个需求而创办的。

2013 年 8 月，梧桐会组织了华南地区最有影响力的移动互联网产业峰会，邀请到房多多联合创始人李建成、华阳信通董事长黄新山等知名创业者分享在移动互联网领域的创业心得。这场 800 多人的大型峰会让梧桐会在新兴战略产业的创业者群体中声名鹊起，大批企业家成为其新会员。

2014 年，梧桐会组织会员企业在深圳会展中心举办智能产业峰会，吸引了 1200 人参加；2015 年举办移动互联网 O2O 产业峰会，吸引了 1800 名业内人士参加。由于到会的演讲嘉宾分享了很多珍贵的"干货"，而且参加者都是企业副总以上的高管，所以梧桐会的品牌价值在业界更加凸显。

苗科学说："为了更好地服务细分行业，我们还组织中小型的行业深度探讨沙龙，让投资人和企业家面对面分享交流，对行业深入探讨，沙龙一般是数十人到200人左右的规模。我们还组织会员走访科研机构、投资机构、有创新力的代表性企业，通过参观交流对接资源。私董会是围绕一个主题组织的小范围座谈会，解决企业的困惑。"梧桐会通过这些服务活动，给创业者群体带来了三个方面的服务价值：一是知识的提升，二是人脉的拓展，三是资源的对接。

草根创业者一般缺乏人脉，常常是因为一个点子扎进去创业，在创业过程中会遇到各种各样的难题，非常需要更多的资源来排忧解难，因此扩大人脉圈是他们的普遍需求。

梧桐会一开始组织同行业的创业者坐在一起交流，发现效果并不好。"同行或多或少有竞争关系，所以就聊不开，"苗科学分析道，"我们把同一层次的创业者放在一起，同样缺乏碰撞和火花，大家聊不出新的东西。后来我们尝试着把不同行业、不同企业规模和年龄层次的创业者错开，跨界交流。这样的沙龙和交流会效果要好很多，一跨界交流，有人愿意分享干货，就会引起碰撞，引燃思想的火花。"

"我喜欢与人沟通，也喜欢与人分享。我觉得，为创业者服务其乐无穷。有的人是跟随者，有的人是影响者。我属于后者，我喜欢组织大家开沙龙、分享会，喜欢看见创业者因为参加了我组织的活动而有各种各样的收获和心得。我是创业者的倾听者、合作者。"苗科学如是说。

在苗科学看来，这个时代最适合草根创业者生存发展，这个时代不再有很高的创业门槛，不再有针对创业者的各种非议。相反，有各种鼓励、各种扶持、各种创新创富的范本。比如，对内容创业者来说，互联网用户对内容付费的观念已经形成，购买知识变成常态，内容创业者更容易成功。"我们需要做的是有一定差异化的服务创新，哪怕抓住小众群体的需求，我们也能活下去。我们需要更积极的态度，更开放的心态，在创业道路上坚持到底。"

草根创业者的春天到了

苗科学说："这是一个创业者辈出的时代。一方面，在移动互联网时代，创业门槛降低了很多，一个人、一台电脑、一部手机就可以创业。社会开放资源的配置就有丰富的可能性，只要你有一个强项，社会自然就把你其他的短板补足了。另一方面，人们创业的意识增强了。过去，人们普遍对创业的外部环境有恐惧感，现在的年轻人更大胆、更开放、更有个性、更放得开，不愿意一直打工，想做个性化的事情，勇于尝试。于是大批草根进入创业领域。政府鼓励、媒体宣传、服务机构跟进，在这样的大环境下，草根创业成为大势，而且成功率也将越来越高。尤其是在泛娱乐产业，直播、文学创作、网剧等各类创业形态非常丰富，更多成功的内容创业者将会出现在人们的视野中。"

在苗科学眼里，深圳之所以能成为闻名全球的大众创业、万众创新的"创客之城"，是因为拥有得天独厚的创新创业环境——创新载体激增，科技服务体系不断完善，科技与金融紧密结合。

2015年，深圳VC[1]、PE[2]机构达到4.6万家，注册资本超过了2.7万亿元，机构数量和管理资本约占全国的三分之一，成为我国风险投资积极性最强、投资最活跃的城市。[3]为了给创客发展提供更好的创业土壤，深圳

---

[1]　风险投资（Venture Capital）。

[2]　私募股权投资（Private Equity）。

[3]　吴少龙：《深圳成为我国风险投资最活跃城市》，《证券时报》2016年6月8日。

市科技创新委员会还出台了相关政策措施，包括《深圳市促进创客发展三年行动计划（2015～2017年）》和《深圳市促进创客发展的若干政策措施（试行）》，以"政府引导、企业主导、万众参与"的灵活运作机制，集合政府、产业和创客的力量，优化创客活动的政策环境，促进各区产业升级。2015年举办的首届"深圳国际创客周"，有来自35个国家和地区的60多家创客机构，共计26.7万人参加了活动。

苗科学说："北有中关村创业大街，南有深圳湾创业广场。"如果你站在深圳湾创业广场的步行街上，举目望去，A8音乐大厦、三诺大厦、百度总部大楼等建筑傲然耸立。目前深圳湾创业广场已引进京东JD+智能硬件孵化器、联想之星、海尔U+智慧生活创新孵化平台、3W咖啡、创新谷、飞马旅、创业邦以及全球一流超早期孵化器——硅谷创业者学院等十余家国内外知名创业服务机构。

苗科学把自己也归为草根创业者，他显得意气风发："草根创业者行动果敢，百折不挠，坚忍顽强，求新求变，这个时代将成就他们的创业梦想，他们也必将是这个时代的骄傲。随着前海厚德创业孵化器、3W咖啡、创新谷、创业工场、TCL孵化器等众多服务于初创企业的创新型孵化器落户深圳，创投机构纷纷前移到天使投资，可以预见未来几年深圳的创新创业浪潮将更加火热。"

目录

刘培超：用机械臂撬动梦想

把握生命里的每一分钟，

全力以赴我们心中的梦；

不经历风雨怎么见彩虹，

没有人能随随便便成功。

这首《真心英雄》所歌唱的精神，在深圳市越疆科技有限公司（简称越疆科技）CEO、DOBOT（嘟宝特）机械臂创始人刘培超身上体现得淋漓尽致，他把所经历的风雨当作生命的馈赠，用小小的机械臂撬动大大的梦想。

每一个阶段都认真做好每件事

刘培超是典型的山东人性格，豪爽而热情，他直言不讳地说："我靠机械臂抢占了智能硬件的风口，我在大学时代更拉风，从大学一年级开始就有创业经历。我认为，风口的形成要具备很多条件，从创业者的角度来说，一定要关注。风口不是突然冒出来的，它是一个领域经过多年沉淀才产生的爆发点。它代表了人类的未来，创业者至少可以在风口上找到机会。创业者要想抓住风口，自身的经验和专业知识的积累是必不可少的。"

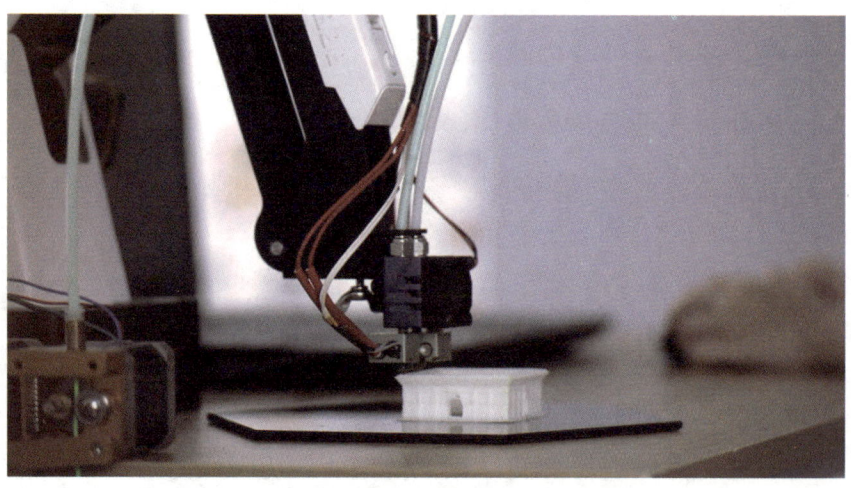

DOBOT 魔术师（Magician）3D 打印机正在打印模型

刘培超用轻松诙谐的语气谈起他在山东大学的奇特经历：
"2007 年夏天，我考入山东大学机械自动化专业读本科。一到
学校刚放下行李箱，我就立马在学校里推广中国移动手机卡，
第二年就拿下了中国移动在山东大学南外环校区的校园代理，
组织了七八十名师兄师姐去销售手机卡。大二的时候，我决心
好好学习，搞起了发明创造，申请了两项发明专利，一项是针
对海产品加工厂做的贻贝去壳机，另一项是智能太阳能燃气灶。
贻贝去壳机项目 2009 年参加山东省机电产品创新设计大赛获
得特等奖，2011 年参加香港理工大学组织的全球大学生商业
计划竞赛获得最佳创意奖，于是我获得保送山东大学研究生的
资格。在两年时间里，我提前完成了硕士研究生的学业。在这
期间，我开始在山东济南海华拓展管理咨询有限公司担任拓展
训练的教练，还担任了一年的销售总监，丰富了自身在团队建
设、市场营销等方面的经验。"

特立独行但又很低调的刘培超还有一个爱好，就是背包旅
行。背包族的经历让他接触到各种不同的人，听到各种不同的
故事，因此在心智方面比同龄人成熟很多。

刘培超研究生毕业后进入中科院苏州生物医学工程技术研

究所工作，做医疗器械方向的研究。"我在中科院做实验的时候发现机械臂这个领域还是很难的，因为目前整个中国的工业机械臂只是做集成，技术掌握在外国人的手中。我自己也是这个专业的，看到这种现象感到很心痛，但同时也看到了巨大的机会。这么多年，中国很多公司都跟在国外机器人厂家后面做大型机械臂，技术很难突破和超越。为什么我们不能做一款灵活、精准的机械臂呢？我就想仔细调研这个方向也许会有巨大的机会。当时，创业的想法还藏在内心深处，我主要想看看中科院里有没有好的项目可以做产业化，寻觅无果，便在 2014年 4 月辞职，从苏州来到深圳，加入一个做医疗器械的企业，在那里干了八个月。"

刘培超说，他特立独行，是因为他知道自己要什么，每一个阶段都认真做好每件事，无论以后做什么，这些认真的经历都会是一种难得的财富。

从骨子里就一直想着创业

2014 年 4 月，刘培超加入深圳市瀚德标检生物工程有限公司（简称瀚德标检）担任项目经理，负责生化分析仪的立项、

DOBOT 魔组（MOOZ）3D 打印机及其打印的模型

研发、生产、注册、售后等工作。刘培超自己做结构设计、项目运营，把软件开发外包出去，然后验收软件产品，实现软硬件协同，用很少的代价做出了高性价比的生化分析仪产品。他的出色表现让董事长很赞赏，后来刘培超离职半年公司还在给他发着工资。

这期间，刘培超发现生化分析仪的市场竞争激烈，爆发缓慢。2014 年 10 月，刘培超开始启动自己的创业项目——机械臂，白天正常在瀚德标检上班，晚上七点到凌晨两点跟另外四个同学、同事在一起，在宿舍里紧张地研发机械臂。

　　"团队是我从山东大学同学和中科院同事里挑的，都是技术过硬、自学能力强的人。创业肯定需要自学能力，很多东西是没有导师的。"刘培超回忆，"第一个记忆点是深圳这座不夜城。每天凌晨两点工作完之后，我都会拖着疲惫的身体下楼，吃点牛肉丸和拉面。团队刚成立的时候只有五个人，三个在深圳，两个在苏州。年底开年会，我们三个人买了啤酒，找了家 KTV 唱歌，之后各自买了汉堡套餐当作年夜饭。那个时候资金困难，全部都是自己垫钱，非常拮据和落魄，但现在回想起来当初是乐在其中的。我本来想两个月搞定，但研发过程

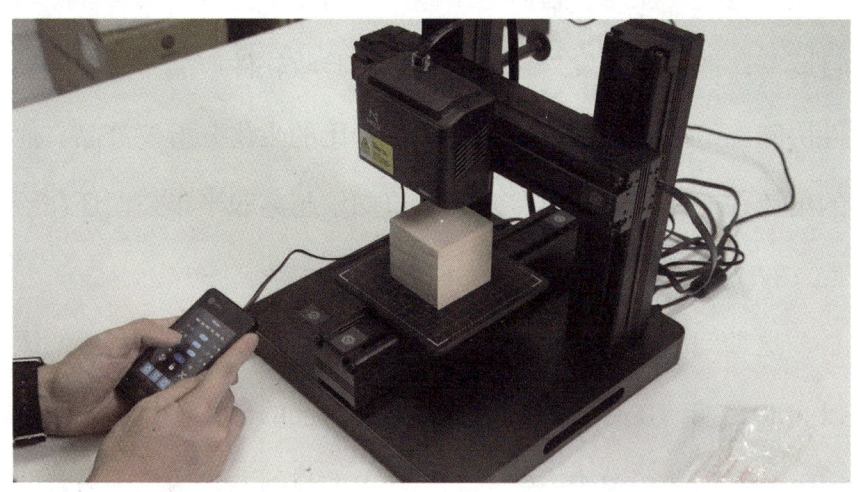

通过触摸屏微电脑控制器操作 DOBOT 魔组（MOOZ）3D 打印机

中确实遇到很多难点，尤其是控制系统，控制的流畅性和精确度都是大麻烦。这方面基本都是国外品牌垄断的，我们全靠自己开发，存在很多不稳定的问题，只能自己查资料，一遍遍地摸索和调试。2015年3月是最为艰难的时候，产品有几个技术难点突破不了。当时我还听说竞争对手正在投入巨资上马相似的项目，而我们都是刚毕业不久的人，没有多少积蓄，我一共投入了30多万元，后来连吃饭也成问题。有一天我走到楼下，眼泪就哗哗地流下来了，当时纠结是该放弃还是该坚持。这是一个非常痛苦的过程。整个研发过程用了近一年的时间，2015年春节都没回家。"

"我大学是机械工程学院机械自动化专业的，但我从骨子里就一直想着创业，没想过入职某个企业做技术型人才。"刘培超说，在机械臂样机出来之后，他最终选择离职创业，于2015年7月在中科创客学院里创办了深圳市越疆科技有限公司。

DOBOT作为越疆科技的第一款机械臂产品，于2015年首次亮相，好评如潮。DOBOT是一款桌面型机械臂，精准及稳定程度均达工业级，并支持七种控制方式，包括鼠标控制、视觉控制、声音控制、脑电波控制、手机应用程序控制、体感控制及手势控制等，而且价格适宜，以其先进技术为前提，这已成为越疆科技的独特市场优势。

十分幸运的融资历程

2015 年 7 月下旬的一天，刘培超在中科创客学院里录制关于机械臂的视频，被一个路过的人看见。那个人立即联系一个投资界的朋友过来跟刘培超洽谈，这个投资者是潮州商会副会长蔡文娟女士。她跟刘培超聊了短短半小时，就当场决定投资 100 万元。于是，刘培超获得了第一笔天使投资。

"在融资方面，我觉得自己非常幸运。"刘培超说，他当时把这笔投资用来做了 200 台样机，然后决定在美国 Kickstarter[①] 上众筹。"我当时计划是众筹 10 多万美元，卖出 200 台机械臂就可以了，没想到上到美国众筹平台一下就火了，筹到近 62 万美元，吸引了全球数百家媒体报道，取得近年来中国项目海外众筹前三名的好成绩，随后更是吸引到 20 多家

---

① 一个专为具有创意方案的企业筹资的众筹网站平台，2009 年创立于美国纽约。

投资机构找上门来谈投资。"

刘培超那个时候在工厂忙着处理订单生产的事情，没有时间与投资机构一家一家地认真去洽谈。道生资本非常看好机械臂的产业化前景，决定给越疆科技估值 1.5 亿元进行投资，随后娱乐工场、深圳创新投等投资机构跟投。2015 年 12 月，越疆科技第二次融资 1650 万元，用于项目升级、人才团队建设。

刘培超说，那个时候公司才二十多人，他的主要任务是规划产品、组织人才队伍。公司在 2016 年全力开发新产品，并在 2016 年 11 月实现了盈亏平衡，全年销售额达到 2000 多万元。

2016 年 10 月，越疆科技的第二代产品—— DOBOT M1 走进大众视野，在众筹平台 Kickstarter 上线仅 23 个小时就完成了 10 万美元的众筹目标。DOBOT M1 可以说是介乎于玩具和高端工业品之间的产品，针对中小企业开发，既保留了工业级的性能，售价也是大众所能接受的（众筹早鸟价仅为 999 美元）。要知道，工业级机械臂虽然具有超高性能但价格过于昂贵，只可远观而不可"亵玩"。

在控制成本的情况下，越疆科技是如何保证 DOBOT M1

产品的性能呢？刘培超说："在每一个关键零部件和整机系统上，我们拥有自主研发的能力，且具有原有行业领域里推陈出新的能力，整合后发挥的是 1+1>2 的作用，相比独立做本体、做控制器、做应用的传统行业，我们更具有整体思维去做架构。"

刘培超对投资者的承诺都实现了，在 2017 年春季，越疆科技第三轮融资也尘埃落定，累计获得近 1 亿元的投资，用于项目升级、扩充产品线、拓展市场。

刘培超介绍，第二代机械臂可以广泛用于教育、工业、商业、

2018 年 6 月，在澳大利亚国际教育科技展览会上，越疆科技 3D 打印产品备受青睐

生活等场景，不仅能双臂协作，还能配合路径规划的 AGV①，以及各种商业应用扩展，无论是自动化办公、自动售卖、仓储搬运、小作坊加工还是创客教育，均能满足。生活娱乐功能当然也少不了，第一代产品的写字画画、手势控制、声音控制、应用程序控制等功能，第二代产品一样具备，而且在功能上还有了很大的提升，比如多色打印、滑轨大尺寸打印、灰度雕刻，以及搭建了更多生活化的应用场景。

"机械臂未来会走入人们的生活，帮助人们倒茶端水、炒菜做饭，成为人们的生活助手，而在工业领域可以从事激光雕刻、3D 打印、自动分拣、专业检测、精细焊接等工作，取代工人所做的重复劳动，这是并不遥远的未来。"刘培超乐观地描述着对未来的憧憬，而员工们正在紧张地赶制发往海外市场的机械臂订单。这一切展示着越疆科技是一家欣欣向荣的新兴企业，让人期待它能推出更多优秀的产品，带给人们更多的惊喜和更便利的生活。

_____

① 自动导引车（Automated Guided Vehicle）。

【创业心路】

创业本质上是一种修行

刘培超

创业本质上是一种修行，是对一个人全方位的考验。

在创业过程中，需要不断提升自己的心性，找到正确的做事法则，在挫折面前内心不要有太大的起伏，只管用心做事情，不要带太多情绪。我从大一开始创业，在大学里经历了那么多事情，是一段很好的经历，现在面对任何困难都不那么着急，学会了平稳地去观察、分析，找解决问题的办法。

创业是对一个人全方位的考验，因为创业过程中是一定有波折的，会遇到各种不同的困难，如何去面对和解决？这就要学会自我调节，学会看到困难中包含着新的机会，看到痛苦里还夹带着幸福，每天都要积极、乐观地面对，心智也会变得越来越成熟。我现在学会了享受创业的过程，毫不夸张地说，创业者一年经历的酸甜苦辣相当于普通人循规蹈矩生活五至十年所经历的，可以说我选择了一种体验更为"浓稠"的生活方式，一种更深刻、更广阔的人生体验。这些对于创业者来说是珍贵的财富。

【创业法则】

选择创业，其实是选择了一种生活方式

孙陶然在《创业 36 条军规》中说，"创业成功是小概率事件"[①]，"创业者要准备好过非人的生活。每个创业者的生活都是非人的生活，打工时你的生活是生活、工作是工作，一旦开始创业，你的生活将与你的工作合二为一，对于夫妻或男女朋友共同创业的，简直是'合三为一'了"。[②]

刘培超的创业过程就非常辛苦，一度连吃饭都成问题。他说："创业是一条不归路，真的很艰辛，建议学校多开访谈、分享会等活动。但不管成功还是失败，创业都有意义，能让你对社会规则、商业模式有所了解，不管未来是继续创业还是就业，都是不错的经验。"

创业是好事，但不是所有人都适合。创业前要先给自己做一个正确的定位分析和承受能力分析，明确自己想要什么。刘

---

① 孙陶然：《创业 36 条军规》，中信出版社，2015，第 3 页。
② 孙陶然：《创业 36 条军规》，中信出版社，2015，第 9 页。

培超建议："人生最丰富的是经历，经验是未来珍贵的财富，多出去走走，对创业模式有了了解后再做决定。当然，如果选择创业，其实是选择了一种生活方式，一种最大限度扩展生命体验的生活方式。"

【人物档案】 📍 刘培超

　　刘培超，毕业于山东大学，深圳市越疆科技有限公司创始人兼 CEO。曾任职于中科院苏州生物医学工程技术研究所、深圳市瀚德标检生物工程有限公司。2016 年获山东省"富民兴鲁"劳动奖章。曾获李克强总理接见。

胡小波：勇当国产激光雷达领跑者

2016 年春天，在第十二届中国（天津）国际装备制造业博览会上，深圳市镭神智能系统有限公司（简称镭神智能）给激光雷达的普及带来了希望。在机器人和无人驾驶汽车系统中，激光雷达是导航、定位、避障必不可少的核心传感部件。镭神智能作为一家面向全球的，提供激光雷达、激光传感及机器人解决方案的高新科技企业，目前已经研发了一系列的不同原理、不同性能、不同用途的激光雷达。

镭神智能创始人胡小波自称"教父"级的创客，技术创新与永不服输是他与镭神智能的主题曲。胡小波说，今天的他已经不再为更加优越的物质生活而奋斗，更多的是为了一种责任、一种情怀在发挥着自己的光和热。

人很多时候是被逼出来的

胡小波 1999 年从西安电子科技大学毕业后，在株洲电力机车厂短暂工作过一段时间，就揣着 400 元来到深圳闯荡。

"我经历过交完房租只有 10 块钱过一个星期的苦日子。那时候除了单位中午提供一顿午餐外，我晚上只能吃两个馒头，勉强糊口。"胡小波回忆，"我在深圳找的第一份工作居然是销售，我本来性格极为内向腼腆，刚做销售的时候，把电话拿起来，按电话号码时手都是发抖的。拿起来放下，拿起来又放下。但是没办法，你得生存啊。人很多时候是被逼出来的。"

就这样苦苦挣扎五个多月，胡小波终于在第六个月拿到了他生命中的第一笔订单。就在他憧憬自己能够拿到 6 万美元订单的提成时，却发现自己的提成无故打了水漂。多年后的他重提这件旧事，心里反倒充满感激。因为正是这份销售工作让他初来深圳就进入自己所喜爱的光电行业，而且锻炼了他的胆量。"销售最能锻炼人，把自己的产品了解清楚了，还要琢磨客户的想法。当销售的这段经历对我日后创业非常有帮助。"

离开这家公司后，胡小波进入光电行业的一家国际龙头企业担任项目经理、区域销售负责人。他在工作中兢兢业业，很快拿到非常丰厚的工资。然而 2000 年纳斯达克指数崩盘，光电行业泡沫破裂，让胡小波再次陷入事业谷底，他失业了。

重新回到起点的胡小波从此变身为打不死的"小强"。这一次，他选择了自主创业。2004 年 1 月，胡小波与朋友联合投资成立创鑫激光。初创阶段困难重重，最艰难的时期，胡小波与他的合作伙伴欠下高达 3000 万元的外债，当时他甚至想到了自杀。不过乐观向上的他相信不在绝境中灭亡，就能在绝处逢生。2011 年，胡小波的公司扭亏为盈，2014 年销售额达到了 3.4 亿元，2016 年销售额突破 6 亿元。

胡小波作为技术负责人，经常以实验室为家，在实验室里废寝忘食地做研发。正是凭着对技术的痴迷，胡小波带领创鑫激光实现光纤激光器多领域的技术突破，打破光纤激光器被国外企业垄断的局面，成功改写了中国光纤激光器行业的格局，使创鑫激光成为中国最大的光纤激光器企业。胡小波作为第一和第二发明人已获国家授权专利 60 多项，其中发明专利 15 项。

2014 年 10 月，科技部挑选十位青年科技企业家随总理李克强出访俄罗斯青年百杰论坛，胡小波作为其中的一位，是激光行业的唯一代表。

据了解，2008 年之前，中国光纤激光器的市场全部被国外企业占据。2014 年，创鑫激光已经占领中国中小功率光纤激光器 60% 以上的市场份额，而且销售额稳步增长，成为国内激光器的龙头企业。如果胡小波还继续在创鑫激光，享受股权带来的丰厚利益回报，自然可以安然享受生活，但他在企业如日中天的时候，为何选择艰辛的、充满风险的二次创业呢？

劫后余生，再次启航

2015 年春节前夕，胡小波去辽宁出差的时候，在沈大高速公路上遭遇了一次车祸，头破血流。在事故之后，他想得最多的还是他的激光事业。他说："我那次幸运地捡回了一条命，但我后来想得最多的是能否将自己掌握的激光技术应用到激光雷达当中，能否运用到汽车领域来挽回更多的生命。"

这一次劫后余生，点燃了胡小波二次创业的梦想——涉足激光雷达产业。

胡小波和中科院院士讨论问题

其实，做激光雷达传感器的想法早在很多年前就萦绕在胡小波的脑海中，但因为种种原因未能落地。而 2015 年的那次事故，让胡小波更加坚定自己的信念。"车祸之后，我更加遵从内心的向往，所以选择再次启航，去开拓另一项对社会、对人类更有意义的事业。"

此后，胡小波着手调研激光雷达产业，对整个行业充满信心。他认为，进入激光雷达行业的时机到了。"我们预计受益于技术提升及产能提升，2020 年单个激光雷达成本能控制在数百元，以整车安装 2 ~ 4 个激光雷达测算，对应整车成本为 5000 元以内。按照 2020 年的前装市场 25% 渗透率、后装市场 5% 渗透率估算，中国市场规模有望达到近 600 亿元。"胡小波说。

2015 年春天，胡小波出让了创鑫激光的部分股份，拿出 1000 万元投资成立深圳市镭神智能系统有限公司，公司成立之初就获得北极光风险投资（NLVC）数千万元的天使投资。北极光风险投资是一家经验丰富的风险投资公司，专注于早期和成长期技术驱动型的创新型公司，着力于培育具备世界级战略眼光和创新能力的中国本土企业。北极光风险投资对镭神智能青睐有加，足见其对胡小波在激光领域多年的沉淀充满信心。北极光风险投资董事总经理李立新曾说："北极光风险投资专注于投资技术驱动型或商业模式创新型的中国概念企业，特别强调团队、市场、创新。我们相信镭神智能是目前中国最优秀，也是最有希望能取得成功的激光雷达企业。"

冲入激光雷达市场蓝海

胡小波多年在激光行业打拼，对激光雷达市场的状况非常了解："国外激光雷达工业领域的市场份额大多被美国Velodyne（威力登）、德国SICK（西克）、日本HOKUYO（北阳电机）等国外企业占据，而国外测绘用三维成像激光雷达民用领域的市场份额大多被德国Leica（徕卡）、奥地利Riegl（瑞格）、美国Trimble（天宝）等老牌企业占据。从国内外激光雷达研发情况来看，科研院所、企业尚需要在关键技术、关键部件方面进行研发。国内除了少数公司形成相关技术专利外，并没有形成整体的技术集群和完整的激光雷达制造产业链，充斥国内市场的激光雷达几乎都是清一色的进口产品，虽然美国Velodyne、日本HOKUYO和德国SICK的产品主导着全球市场和技术，但是产品由于高昂的价格，并没有很大的应用市场，国内民用最多的还是激光测距机。然而激光雷达应用极为广泛，已经成为移动机器人、工业自动化、工业自动搬运机器人、无人机、安防、汽车辅助驾驶等领域的核心传感器，同时它也是目前最可靠、最稳定的定位技术，激光雷达市场可以说是一片蓝海。"

镭神智能陈列着一系列新开发的产品：智能新一代具有独创性技术的高可靠性、超长寿命非旋转扫描360°测距激光雷达；自主研发的一款适用于AGV/RGV[①]机器人防撞预警激光雷达；基于时间飞行法测距的中远距离脉冲测距激光雷达系统。此外，镭神智能自主研发的多线激光雷达2017年8月底出样机，高端三维地形测绘系列激光雷达以及光学相控阵系列激光雷达

2016 年第四届（上海）国际服务机器人技术及应用展览

等其他高性能激光雷达已取得突破性进展。胡小波自豪地说："如今，富士康、格力、海尔等知名企业开始采购我们的激光雷达产品，日本一些AGV制造商也采用我们的激光雷达，这证明我们的产品质量过硬。"

多次见诸报端的激光灭蚊炮及激光灭蚊机器人产品，是胡小波异常钟爱的两款新产品，原理样机已经研发成功。胡小波

---

① 有轨制导车辆（Rail Guided Vehicle）。

确信，这两款微型版的激光灭蚊产品将是具有全球独创性和领先性的颠覆性黑科技产品。实际上，比尔及梅琳达·盖茨基金会为了解决非洲蚊虫肆虐而引起的疾病传播问题，从 2008 年开始资助一个项目小组研发灭蚊激光炮，2010 年 2 月该项目小组在美国加州长滩的 TED[①] 会议上对这一装置进行现场演示。2015 年《时代周刊》将其评选为 2014 年改变人类历史进程的五十大发明之一。不过两年时间过去了，却不再有后续的消息出现。胡小波认为，过去受制于成本和技术，激光灭蚊炮很难实现产业化，如今镭神智能通过特殊的技术方案和独特的成本控制手段，已经可以实现激光灭蚊炮和激光灭蚊机器人的民用化。胡小波介绍："我们计划在 2018 年下半年推出产品，初期还是走商用市场，在一些医院、小区或工厂使用，或者是一些高端住宅区，等到后面成本降下来，要两三年时间慢慢进入到普通家庭中去。"

2016 年夏天，激光雷达站在了"风口"上，镭神智能宣布获得近亿元的 A 轮融资。此轮融资由招商资本领投，如山

---

① TED 是美国的一家私有非营利机构，名称由技术（technology）、娱乐（entertainment）、设计（design）的英文首字母组成。该机构以其组织的 TED 会议著称。

资本跟投。天使轮投资方北极光风险投资继续跟投。资本的注入，为镭神智能插上腾飞的翅膀，让"技术狂人"胡小波有了更强大的追梦底气。

"目前全球激光雷达行业的实力排名是美国第一，德国、日本紧追其后，中国暂时落后。"但胡小波认为，凭借较高的性价比、良好的售前服务和有保障的售后等优势，国产激光雷达在三至五年内有望真正实现弯道超车，而镭神智能是其中一匹不可小觑的黑马。

【 创业心路 】

创业是九死一生的事情

胡小波

每个人都认为自己能够成功，但是真正能成功的还是很小一部分人。创业是九死一生的事情，过程非常艰难。创业者对时下发展趋势要有准确把握，多干点扎扎实实的技术研发，少做一些过度宣传。

据我了解，目前无人机企业已经夭折了很多家，机器人行业的企业不努力也可能步其后尘。比如，很多人看着大疆在无人机行业里风生水起，所以都想进去赚快钱，但是你可知道，大疆早已经把消费级无人机市场牢牢占领，别的企业如果没有合适的市场技术和应用切入点，那么想要拓展消费级无人机市场的机会便微乎其微。制造服务机器人的大方向是好的，关键在于能否解决客户痛点需求，如果机器人企业没有一些独特的技术支撑，想要在这个行业里面生存下来也是非常艰难的。

很多企业没有核心技术，这是一个方面，另一个方面是产品同质化的问题非常严重。这源于大多数企业并没有理解市场真正需要什么东西，没有真正地沉下心来研究市场的需求。如果这些机器人企业想要生存，就必须踏踏实实做一些好产品，有自己独特的技术创新点，而且要发挥出不达目的誓不罢休的"死磕"精神，只有这样在机器人行业的企业才会有更多希望。

【创业法则】

创业者对战略方向要有预见性

创业战略方向要选准，这其实是在考验创业者的眼光、见识，以及对未知事物的预判能力。

创业者对技术发展趋势要判断准确，需要丰富的知识积累以及对产业背景的深入了解。虽然胡小波是因为车祸想到激光雷达可挽救更多人的生命，于是毅然进入这个新兴行业，但他并没有把针对无人驾驶的激光雷达作为这次创业的第一方向，而是针对扫地机器人、服务机器人、AGV市场开发相应产品。

胡小波认为，这两个市场是现成的，随着人类生活品质的提升，服务机器人市场规模将快速增长。"先做有把握的市场，在饮'头啖汤'中实现资本积累，再伺机进入未来的无人驾驶市场。"胡小波的这一战略规划符合市场需求，让镭神智能不仅不会因为做超前的技术创新而成为"先烈"，反而走得更稳健扎实。

预见性是创业者必须具备的能力，能够准确预测未来才能提前做好准备，不会轻易掉进创业道路上的各种"坑"里。

【人物档案】　♀　胡小波

　　胡小波，毕业于西安电子科技大学，深圳市镭神智能系统有限公司董事长兼 CEO。激光雷达、光纤激光器、光纤器件、光纤传感领域专家。国内最大的光纤激光器企业创鑫激光创始人。

黄嵩：立足量化科技　服务二级市场

近年来，金融科技日新月异，大数据、云计算等新技术为公募、私募、券商和期货公司提供了更多的科技服务手段。黄嵩创办的深圳数字动能信息技术有限公司（简称数字动能）是一家立足量化科技、服务于二级市场资产管理机构的金融科技公司，正站在巨大的"风口"上迅猛发展。黄嵩是如何抓住机遇创业的，又是如何规划企业的未来的呢？

资金链断裂与信任的力量

在创业之前，黄嵩供职于某大型资产管理机构，生活安逸且平静。

2014 年 5 月，黄嵩和陈亮这位"技术大咖"不约而同地看好金融科技领域的创业机会，共同创办了数字动能，开始了创业之旅。从这一年开始，黄嵩的人生开始惊心动魄、波澜起伏。

"陈亮性格内敛，逻辑思路严谨，是难得的科技研发人才；我的性格具有进攻性，比较急躁，但是在管理和对事物的统筹上有优势。同时，我所拥有的十多年资产管理机构工作经验，和我的创业伙伴无论在性格还是专长上都可以互相补充，我们可以说是创业的'黄金搭档'。"黄嵩与陈亮这对创业伙伴，起步之初一路顺风顺水，高歌猛进，不仅产品定位清晰，而且研发进展顺利，更难得的是，公司成立才四个月就获得了千万元级别的战略投资。

令黄嵩意料不到的是，投资机构承诺的资金最后只到位了300 万元，而 2015 年股市的动荡影响了投资机构对金融科技企业的投资信心，数字动能走到八个月的时候，由于投资方的撤资而导致资金链断裂了，不得不一夜之间解散所有员工。

面对这样的现实，黄嵩却坦然乐观面对，迅速重组公司业务，仅用三个月就让公司重新获得资金补充，强势地让公司回归正常。今天，再回头看那段遭遇，他客观地说："要说我不生气，那是假话。说真的，我虽然当时很生气，但我尝试着去理解投资者，他们投资我们的时候是出于信任，不再继续投资一定是有他的原因，所以我接受他们的决定，不再纠缠，但对投资人只有一个要求，希望能把员工安顿好。最后，投资者给予被遣散员工每人两个月工资赔偿。这算是做得很不错了。"

虽然早期的资金链断裂给黄嵩团队的创业造成了挫败，但他也从中感受到了合伙人之间团结和相互信任所带来的巨大力量。当时公司面临资金链断裂的情况，很多员工其实不愿意离开公司，也向黄嵩表达了留下来的想法，可黄嵩觉得，这些"90后"年轻人自身没有多少积蓄，不能耽搁他们，所以拒绝了他们的请求。但内心却被团队的信任所深深震动，"彼此信任"后来成了数字动能员工的座右铭。

第一次创业的失败经历让黄嵩和陈亮这对"黄金搭档"对创业有了更深刻的理解。他们没有停止创业的梦想，而是联合原来的五个合伙人，决定为公司的重启做准备工作。

一场漂亮的翻身仗

决定重启企业之后，黄嵩一个人背着包，跑到北京和上海去寻找天使投资人，最高纪录一天见五家风投机构。"那段时间，我几乎没有任何停歇，讲得口干舌燥。连续几天讲同一件事情，讲得都想吐了。"黄嵩自嘲道。然而，由于当时已到年底，融资的推进工作进展缓慢。

与此同时，陈亮一个人担负起研发的重任，而外部资源整合的事情全部交给黄嵩。黄嵩回忆道："公司在 2015 年 10 月重启，由六位合伙人的原班人马重新注册成立深圳数字动能信息技术有限公司，研发工作几乎是加班加点，市场业务恢复也是加班加点，不眠不休，我在找钱的时候还没有睡不着觉的现象，而在产品研发攻关的时候硬是通宵睡不着。因为钱固然重要，产品开发更重要。没钱难，但找到钱就行了，而产品出了问题就是要命的啊。幸运的是，我们经过反复改良和测试，终于把产品研发出来交到客户手中。"

2016 年 1 月，新成立的数字动能迎来了它真正的天使——天使投资人王忠平先生。

王忠平当初在台下听了大约十五分钟的项目介绍，就对刚刚结束讲演的黄嵩说："你要融资多少钱？"黄嵩回答："300万元到 500 万元。"王忠平爽快地说："我确定要投资这个项目，但我不能确定的是具体该投资多少金额。"一周后，王忠平派来一位资深基金经理实地调研数字动能公司，最后决定投资 450 万元。而不到一个月，苏州丰玖资本公司看好量化科技的赛道，也向数字动能溢价注资 300 万元。"我们在天使轮一共融了近 800 万元，算是非常幸运的。在遭遇之前的资金断链危机后，我们重启创业非但没有挂掉，公司估值还翻了一倍，这一场翻身仗打得非常漂亮。好的投资人是创业成功的一半，我非常幸运地遇到了信任我们的、专业的投资人！"黄嵩深有感触地说。有了资金做保障后，数字动能驶上发展的快车道。

数字动能的定位是非常清晰的，黄嵩对之也充满信心。"量化科技就是通过计算机技术，以数据为基础，用数学统计方法和建立算法模型来协助资产管理公司在资产管理业务上更高效地进行数据分析、投资方法研究和交易执行的科技。我们团队作为最早进入量化交易领域、拥有全自主研发产品的行业先行者，在量化科技领域经验丰富，掌握行情分析、数据分发、策略研究和自动化交易的核心技术。"

站在新的机会点上发力创新

2016 年 8 月 8 日，数字动能幸运地进入"第八期微软加速器企业"，是其中唯一入围的金融科技领域创业企业。微软加速器为数字动能提供价值 300 万元的硬件资源，性能稳定的"微软云"给数字动能的产品研发带来非常大的助益。"加入微软加速器的激动犹在昨天，五个月时间里，让我们真切感

陈亮（左）和黄嵩（中）领取微软加速器荣誉证书

受到加速器家一般的温暖，那是真正的体贴入微，同呼吸共命运般的共同创业经历。"黄嵩感激地说。

从 2016 年 9 月开始，数字动能研发部门的成员因为有了优秀的微软云服务支持，得以成倍地提高开发和测试效率。在微软加速器的助力下，数字动能的研发工作有了阶段性的飞跃。黄嵩介绍，五个月的时间里，数字动能完成了 E-QAMS 在 Azure[①] 的最核心架构开发，商用产品已经有三个可以推出市场；得到了五家公募基金公司的合约意向，即将进入签订阶段——这五家公司均为标杆客户，所管理的资金总规模超过 1 万亿元；得到了兴证期货总部的协议，让数字动能的产品在其旗下 21 个营业部直接推广使用；数字动能全国第一个专业分析服务上线，开始为全国 17510 家私募基金和 423 家大型资产管理公司提供专业的智能业绩分析服务；包括清华在内的三家高校已经确定把数字动能的软件用作教学软件……

比起锦上添花的赞誉之声，黄嵩更珍惜那雪中送炭的点滴真情。他写给微软创投加速器总经理罗斌、加速器技术总监王

---

① 微软基于云计算的操作系统。

雷的感谢信言辞真切："数字动能的企业文化中，信任始终摆在首位，你们的信任与支持，让我们在创业的路上不再感到孤单与无助，让我们不再感到恐惧和彷徨。……坦白讲，我感受到的不止是一个孵化器所提供的既定的支持和帮助，而是每一位加速器同事发自内心的关爱。"

黄嵩坦诚地说："2016 年我们的成长外人看不见，因为都是在技术研发阶段，但实际上夯实了基础，为未来两三年的发展奠定了核心技术架构，也构筑了较高的技术壁垒。2017 年，数字动能完成从原来以'产品研发为主'到'商用产出变现'

黄嵩（左）、陈亮（右）在"微软加速器·北京八期展示日"合作讲演

阶段的蜕变。一旦打稳技术基础后，进入商业转化阶段，速度就会非常快。"

2017 年对于数字动能来说是非常关键的一年，数字动能推出的一系列金融服务产品既叫好又叫座。比如，面向金融工程研究和量化投资部门的"Auto-Trader[①] 策略研究平台"创造性地提出"研究即交易"，一键实现研究到交易的转化，可以把更复杂、更前沿的研究思路和策略模型纳入到交易之中，甚至把交易思路延伸到机器学习、神经网络、舆情分析等领域；面向资产管理和财富管理部门推出智能投资业绩分析服务；面向市场部门和经纪业务部门推出"股米智能投顾平台"……

2017 年 1 月，数字动能建立了一支专业销售团队，有120 多家金融机构与企业洽谈合作，包括银华基金、中信期货、建新基金、招商证券、广发证券等，还有国金基金管理有限公司、诺安基金、兴证期货有限公司等 20 多家金融机构已成为付费用户。

随着市场开拓加速，数字动能的估值也直线攀升。但黄嵩

---

① 　自动化交易。

丝毫没有放松对企业研发的要求，他冷静地说："相比发达国家，我们国家的金融科技服务业起步较晚，还有较大差距。现在，我们是站在新的机会点上发力创新。"

【创业心路】

信任是创业者的立足之本

黄嵩

我常常把企业的创始人比作在寒风中裸身行走的斗士——事实上，他什么都没有，只有一颗坚韧和永不服输的心，真诚、坚定、乐观向上。而对于创始人来说，信任是创业的基础，没有什么比信任更重要的了。可以说，信任是创业者的立足之本。

合伙人在你什么都没有的时候，为什么选择跟随你的脚步同甘共苦？是因为信任你。投资人在你只有演示文稿的时候，为什么愿意给你投资几百万元的真金白银？是因为信任你。员工在你没有能力给他们最好待遇的时候，为什么愿意加班加点，毫无怨言？是因为信任你。客户为什么愿意给小公司机会，很真诚地提出改进的建议？还是因为信任你。

这些沉甸甸的信任，在我看来是无价之宝。创业者要对得起这些信任，就必须竭尽全力克服困难。在第一个公司"挂掉"的那会儿，我认真反思，认识到创业者实际上常常狼狈不堪，再骄傲坚强的斗士也会在寒风中濒临绝望，也会在悬崖绝壁和孤独无助中感到恐惧。而且，我还认识到自己的肩头承载的不是一个人的梦想，而是一群人的梦想，不是我想做就做，不想做就拉倒。那么多人相信我，这件事情就值得去坚持。为了对得住这份信任，我选择坚持下来，选择自己扛过去，选择团队抱团取暖，选择从不可能中寻找可能，尝试从残局中反败为胜。就这样，我们打了一场漂亮的翻身仗。

【创业法则】

创业者要随时随地准备自救

在创业过程中，如何才能在"挂掉"后又活过来？这其实考验的是企业，尤其是创业者的自救能力。

第一次创业时，遇到投资人半途撤资，黄嵩虽然内心不舍，但也不得不遣散员工，最后还是有五个合伙人自愿选择留下，为公司"重启"做准备，这是黄嵩第一次创业留下来的"火种"。随后，他四处奔波寻找新的投资人。企业融资过程是企业创始人和投资人的直接沟通，对很多早期项目，投资人更大程度上是"投人"，对创业者的认可排在首位。黄嵩深知必须依靠自己的努力才能化险为夷，不能一味等待别人来救自己。终于，他的努力没有白费，在一次项目路演中遇到了天使投资人王忠平先生，给予了他再次启动创业的机会。

一旦踏上创业的旅途，创业者都要做最坏的打算，随时随地准备自救，没有人能保证投资者的款项能够全部到位，也没有人能保证客户都能履约提货，更没有人能保证银行贷款每次都能顺利拿到。对于创业者来说，任何事情都有风险，那么一定要有两套方案，做任何事情都要留有余地，在预料不到的事情发生的时候，还能有对策自救。可以说，只有自救者才能持续成长。

【人物档案】 📍 陈亮

　　陈亮，毕业于中国科学技术大学，深圳数字动能信息技术有限公司创始人兼总经理。国内最早一批自动化交易技术实践者，国际领先金融系统开发专家。

【人物档案】 ◉ 黄嵩

　　黄嵩，留学英国并获计算机硕士一等硕士学位，香港城市大学商学院EMBA学位，深圳数字动能信息技术有限公司创始人兼董事长。微软认证技术专家（MCTS）、微软认证专业开发人员（MCPD）、深圳青年科技人才协会理事。曾任职于证券公司和公募、私募基金公司。

李天奇：圆梦透明线路板

　　李天奇学文科出身，对电路、材料等一窍不通，却带领祺虹电子用四年时间做出了一种应用前景非常广阔的透明电路板，在 2016 年获得全国创新创业大赛的奖杯，赢得了投资人的青睐与投资。

　　今年四十出头的李天奇说："创业之前，我几乎没有白头发，为了开发这个透明电路板，如今已是双鬓斑白了！"

人生需要奋斗

李天奇从 2005 年开始从事电脑周边产品的生产和销售，

最好的光景一个月销售额约 100 万元，生意做得比较平稳。在过了一段舒适和安定的生活后，李天奇觉得自己的后半生不能就这样按部就班下去，人生需要奋斗。于是，他把经销电子产品的生意交给家人打理，自己到深圳的洲明科技担任高管，负责向国内大客户营销 LED^① 产品。

在洲明科技工作期间，李天奇有一次与客户聊天，意外发现一个市场空白点。"有一天，一家 4S 店的老板对我说，要是有透明的显示屏就好了，白天行人透过玻璃橱窗可以看到店里陈列的豪车，晚上玻璃橱窗可以当广告屏幕使用，这样就太炫啦！"李天奇被客户的这个想法所打动。是啊，为什么不能研发出一款透明的、可室内室外安装的透明显示屏呢？据统计，中国现代化的玻璃幕墙总面积已经超过 7000 万平方米，如此巨大的玻璃幕墙存量，是户外媒体广告一个巨大的潜在市场。到目前为止，这块市场的广告价值还没有被开发出来，透明显示屏的出现，有望能为户外广告创造一片新的蓝海。同时，透明显示屏未来的需求将有望实现几何级的增长。传统 LED 显

———————

① 发光二极管。

示屏和 LED 亮化灯占据了现在的楼宇亮化及户外广告牌的半壁江山，它与不同的材料结合，构架在楼宇外沿。这样的安装方式不仅需要高空作业，还会增加楼宇承重负担，而且普通 LED 屏幕的不可透光性还会遮挡楼内视野。传统 LED 屏幕的种种弊端让李天奇嗅到了巨大商机。

2012 年年底，李天奇离开了洲明科技，与苏鹏一起创办了广州市祺虹电子科技有限公司（简称祺虹电子），瞄准透明的显示屏，铆足了劲儿去研发。苏鹏原来是国有科研机构的材

祺虹电子研发的纳米透明数显玻璃

料工程师，对纳米材料有很超前的研究。

从 2013 年到 2015 年上半年，近三年的时间，祺虹电子全部是大笔的研发投入，购买昂贵的测试设备，不停地做样品，却没有一分钱销售收入，不知不觉投入已超千万元。

"2014 年 12 月，我们在材料上取得一个关键性突破。2015 年 5 月，单色样片制作出来了，虽然不成熟，还需要进一步老化验证，但这是标志性的事件，它标志着透明显示屏的电路控制问题解决了。"李天奇清楚记得团队所取得的点滴进步。这几年的研发过程让他这个名副其实的文科生变成了精通印制电路板的专家。他感慨，很多计算模型在理论上是可行的，但是在试验的过程中，稍有不慎，就会差之毫厘，谬以千里，只有通过一次次的实践才能触摸到上帝的幸运之手。

2015 年 9 月，祺虹电子一款通用型的纳米多晶全透明电路板研发成功，这是电子行业诞生的一项新型基础电子材料，可以广泛应用于电子行业。它和亮化显示技术结合，可以构建出透明的亮化显示模组，在楼宇亮化、氛围照明领域有着广阔的市场空间。这款全透明电路板一共拿下了五项发明专利、一项实用新型专利，祺虹电子因此也斩获不少大奖。2016 年 1 月，祺虹电子基于纳米多晶全透明电路板做出彩色透明显示屏，这意味着产品离商用的目标越来越近。

李天奇知道，产品要真正实现商用，还需要细细打磨，包括耐候性试验、生产工艺改进等，因此团队还需要吸收更优秀的人才加盟。孙彤宇在 LED 行业中练了二十多年的功夫，主持过北京奥运会水立方亮化方案，孙彤宇的加盟壮大了祺虹电子的创业团队。三个"70 后"在不惑之年再次创业，比年轻创客多了一分沉稳，也更加注重计划和设想的落地，以及市场需求、成本控制和资源的合理利用。

明确了发展的方向

2016 年年初，在朋友的介绍下，李天奇结识了星河集团的阎镜予博士，双方对技术问题进行深入探讨。

李天奇当时捧着透明的显示屏样片，兴高采烈地对阎镜予博士说："我这个技术就是做透明的显示屏，做的过程中，发现它还可以当作透明的线路板，感觉用途非常多。"香港中文大学机械与自动化工程系毕业的阎镜予博士对这一新产品颇感兴趣，他对李天奇说："你把核心技术和应用技术先理出来，首先这个是基础材料，然后才是在各个领域的应用，透明显示屏实际是透明 PCB[①] 在亮化显示领域的应用延伸而已。"这句话一下让李天奇豁然开朗，理清了思路，明确了发展的方向。

就冲着阎镜予博士这个指点，李天奇带着团队从广州直接迁入了位于深圳龙岗区的"星河•领创天下"。2016 年 7 月，祺虹电子创始人团队在这里参加了欧美同学会海归创业学院（深港）举办的首期创业加速营。加速营的导师们为祺虹电子在产品设计、产品营销、项目融资等模块中遇到的问题进行了深入的分析和讲解。经过三个月的学习，祺虹电子在双创周的毕业汇报路演中获得投资机构的青睐，估值过亿元，并成功进行了融资。

2016 年 9 月开始，几大科研机构的加盟合作更是让祺虹电子如虎添翼。中科院深圳先进技术研究院为祺虹电子的部分工艺再度优化升级，派驻博士、硕士团队。大连理工大学材料与科学工程学院为祺虹电子在亮化显示领域的应用添砖加瓦。中科院大连化物所为祺虹电子在技术咨询、设备测试

---

① 印制电路板。

祺虹电子获得第五届中国创新创业大赛新材料行业总决赛团队组第三名

上添油助力。

2016 年 10 月，祺虹电子科技（深圳）有限公司成立。在深圳国际创客周期间，祺虹电子作为星河 WORLD 分会场的当红主角，为参观领导、来宾展示了纳米多晶全透明电路板，受到领导、来宾的认可与赞赏，大家都在期待新的科技带来新的生活体验。

2016 年 11 月 19 日，第五届中国创新创业大赛新材料行业总决赛在宁波举行，祺虹电子喜获团队组第三名，成为深圳市当年在全国总决赛中获奖的两个团队之一，这标志着致力于纳米多晶透明电路板开发的祺虹电子得到更广泛的认可。

这个事业值得一辈子去做

研发型创业的最大风险是新技术不被市场所接受，或者应用型产品市场定位出现偏差。同样，李天奇也非常担心这个问题。在 2015 年 4 月，他带着第一代透明显示屏去美国拉斯维加斯参加国际标识展览会 (ISA)，国外客户说这个技术还需要进一步完善，不适合售卖。

为了获得更高的市场认可度，李天奇决心开发第二代产品，把主要精力对准了"线路透明化、整体散热"这两个点。为了找到合适的制作材料配比，实验操作精度须精确到埃米①，仅为纳米的十分之一。2015 年 10 月 30 日，李天奇带着第二代产品去美国亚特兰大参加网印及数码印刷展览会 (SGIA)，客户明显对这个产品有了兴趣，从纽约到奥兰多、休斯敦，一共有二十多个美国的广告与工程类客户表示出浓厚兴趣。纽约的广告商卡尔兴奋地对李天奇说："时代广场上的外墙广告屏都会

---

① 晶体学、原子物理、超显微结构等常用的长度单位，等于 10^{-10} 米。

影响大楼的租金，因为广告屏遮挡了楼宇的光线。如果全部换上透明的广告屏，大楼租金就升上去了，这是多么好的一件事情呀！"

这次美国之行，使李天奇对自己选择的技术路线更有信心了。

"星河·领创天下不仅投资我们，成了公司的股东，而且第一个订单就是来自星河，50平方米的广告屏采用我们开发的透明材料制作而成，显示效果非常好，现在河北、山东的订单也陆续拿下来。"李天奇笑呵呵地说，创客项目在选择投资

李天奇在第五届中国创新创业大赛新材料行业总决赛颁奖仪式上

人的时候，最好是投资加上资源组合，这对创业者来说是最好的选择。

"黑科技"，换句话说，就是脑洞大开，看看谁的想法更酷炫。祺虹电子现有的第二代产品足以改变现在亮化显示市场的格局。未来，它还将改变人们的日常生活，可以说，一个脑洞大开的"黑科技"时代即将来临。

李天奇说，透明电路板这个事业值得一辈子去做。未来祺虹电子将会把半导体芯片直接封装或印刷在纳米多晶透明电路板中，看似坚硬的透明电路板也会变得柔软。届时，科幻片里的酷炫的操作板、"007"系列里的导视系统等一系列"黑科技"也将进入寻常百姓家：它将替代家装玻璃；家里的窗帘或许该淘汰了，因为它将可以根据阳光的照射程度进行智能防晒，还可以随时变身为一个大型的平板电脑，充当电视机屏幕更是不在话下；家电外壳可以透明化，不用拉开冰箱门，就能看到冰箱里的食物种类；透明廊桥可以采用太阳能供电，不仅可以在上面行走，还可以打出绚烂广告，未来的楼宇设计又多了一种创意材料。

李天奇介绍，提高社会的运营效率，在创新创业的过程中考虑新技术的应用形成整体节约效应也是一个重要原因。比如 G20 ① 峰会的楼宇灯光秀、中石油总部大厦的亮化，单体亮化投资均超过 1 亿元，运用祺虹电子的技术至少可以节约 30% 的成本。他说："我们希望通过一种新技术的应用，为建筑设计端的设计师们带来革命性的新素材，解决更多的设计问题，从而让世界更透明，让透明多姿多彩。"

---

① 　二十国集团。

【创业心路】

创业最难的是战胜孤独感

李天奇

创业过程中最难的时候，是面对孤独感，因为我常常感到茫然。比如，产品没有做出来的时候，会遇到一些问题，能够与之讨论的人不多，很多时候都要自己去想明白，包括技术方向、商业模式，都是要靠自己在独立思考中琢磨明白才行。

技术做不出来的时候，要与技术难题死磕。技术做出来了，市场如果不接受又该怎么办？这个时候最茫然，一个新技术出来，如何推广，如何说服客户选择它，这就是很现实的问题。不一定做出了好产品客户就愿意买单，这个不确定性尤其让我苦闷。

除了不想错过机遇、灵感，心里还是希望自己能为这个世界做点什么。正因为心里面有这个信念，所以遇到再大的困难，我都没有想过放弃，也没有说过后悔。一个创业者需要拥有非常强大的内心。现在，我确实把想做的东西做出来了，而且它是这个世界所需要的，想到这一点我就感到非常欣慰。

【创业法则】

投资加资源对创业者来说是最好的选择

祺虹电子创始人团队在星河·领创天下参与创业加速营的学习，并且在毕业汇报路演中获得投资机构青睐，成功进行了融资。对李天奇他们来说，星河·领创天下不仅投资了祺虹电子，成了公司的股东，而且带来了第一个订单，使他们得以展示所开发的透明材料广告屏，从而陆续获得更多订单。

祺虹电子的例子很好地说明了应该如何选择投资人。对于初创企业来说，融资的过程能够让企业变得强大起来，尤其是对于草根创业者来说，他们缺乏资源，通过融资可以找到好的投资商，除了获得资金，还可能带来其他资源，助力企业发展。比如可以获得经验丰富的董事，投资人的品牌还可以给企业"背书"，同时可能带来一些优质的客户。因此，初创企业在选择投资人的时候，不能光要钱，最好是投资加上资源组合，这是最好的选择。

【人物档案】　◉　李天奇

　　李天奇，自考汉语言文学本科专业，在职经济学研究生，祺虹电子科技（深圳）有限公司 CEO。曾任职于深圳市洲明科技股份有限公司。

陈大立：带领泰达机器人浴火重生

2013 年春天，陈大立将一手创办的泰达机器人有限公司（简称泰达机器人）从东莞迁到深圳时，身边的亲友们纷纷表示不解："深圳的房价那么贵，很多企业都逃离深圳，到房价便宜一些的城市，比如东莞或惠州，你为什么要逆势而为？"陈大立打定主意，决意搬到深圳的南山高新区。一晃几年过去了，泰达机器人不仅在深圳站稳了脚跟，还将客户群体拓展到飞机、船舶、重化工等领域，已经成长为喷涂机器人行业中的"小巨人"。

人，最难超越的是自己。陈大立从中文专业毕业，由一名中学教师变身为喷涂机器人领军企业家，这一路的打拼饱含着汗水与艰辛。

打破安稳的日子

1990 年，陈大立从湖北工程学院中文系毕业后，被分配到湖北黄石十六中做中学语文老师。当时教师生活清贫，年轻且喜欢闯荡的陈大立在 1992 年辞职下海，去了北京一家代理公司工作。这家公司是世界最大的涂装集团固瑞克（Graco）在中国的第一个代理商。陈大立做了两年销售之后，被正式招聘到固瑞克中国区总部，1994 年被派往武汉任华中地区的办事处主任，1998 年到 2000 年又任北京办事处主任。

"进入外企 Graco 工作，我最大的收获是打开了视野，对涂装行业有了更深刻的认识。比如，后来我自己创业，投资界人士会对我说：'你怎么做喷涂机器人，这个行业太小了，你应该做具有更多机器人应用的行业。'我会很坚定地告诉他们，喷涂机器人行业其实非常大，从大的船舶、飞机，到小的手机、电脑，都需要先进的喷涂技术服务，而这个观念就是在 Graco 时期树立的，牢不可破。"陈大立坚定地说。

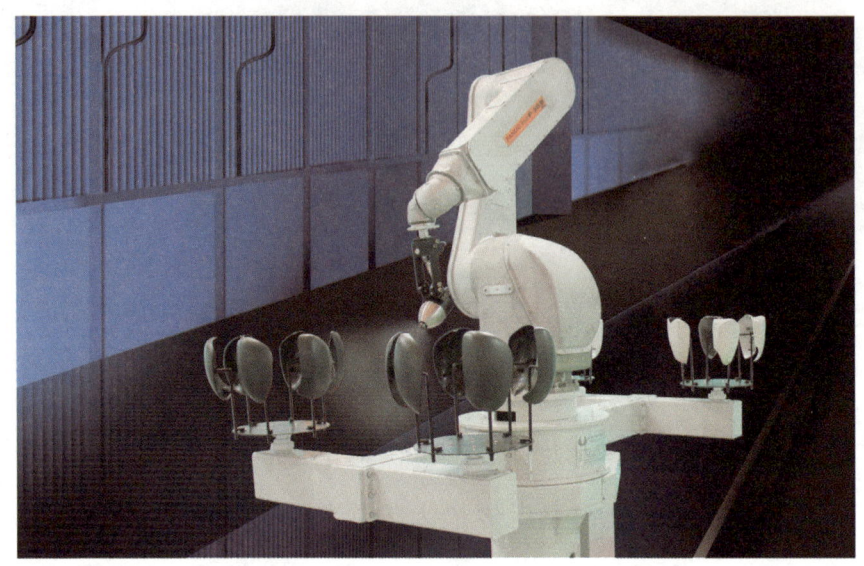

MaxPainter 智能机器人喷涂系统正在喷涂后视镜

　　任北京办事处主任的时候，陈大立的日子过得很惬意，拿着高收入，有源源不断的订单，可喜欢折腾的他总觉得这样安稳的日子如果不自己去打破，就会落得"温水煮青蛙"的下场，会逐渐失去斗志。因此，有一段时间，他甚至想离开喷涂行业，在新的领域再创业。

　　固瑞克美国高管对陈大立的能力很赏识，也知道他的创业雄心，提出如果他去华南创业，美国公司会给他提供资金和技术。因为那个时候华南地区的工厂绝大多数是"三来一补"企业，技术水平比较低，需要去大力培育自动化的市场。

陈大立就这样来到东莞，创办泰达机器人的前身——东莞市升泰流体机械有限公司，起初是代理固瑞克的产品，2006年开始做工业机器人系统集成。在做代理和系统集成的过程中，陈大立发现机器人仅仅是完成自动涂装的工作载体，要确保机器人喷涂技术的先进性，就必须在工艺过程控制和工艺集成方面有自己的核心技术。陈大立说："当时，华南地区成为全球最大的手机及 3C 产品 ① 的生产基地，但在使用国外先进工艺及设备做机器人喷涂集成的时候，会发现它的系统反应速度慢、不够精准，国外厂商提供的技术服务也不及时，同时中国用户个性化的需求也不断涌现，我们必须有足够强的自主研发能力去满足它。2013 年我决定告别过去的代理生涯，走一条自主创新的路子。"

要走一条自主创新的路子

陈大立又一次对自我进行彻底革新。

_____

① 指计算机（computer）、通信（communication）和消费类电子产品（consumer electronics）。

　　针对过去的代理业务，陈大立培养的销售队伍背靠国际大品牌，推销起来显然更轻车熟路，客户群体也是现成的；如果做自主研发的产品，销售队伍几乎需要重新培养。"我从研发部、工程部挑选专业人才，转型做销售。"陈大立回忆，"2013年，我下决心搬到深圳，是彻底的蜕变，因为在深圳才能招聘到更高水平的研发人才。我要做自主创新机器人，就必须来深圳。除了人才队伍要重新建设，当时包括东莞、苏州两个销售点，每年已经有6000多万元的销售业绩，我搬离东莞，就是要与以前的代理销售模式告别，等于舍弃了每年几千万元的稳定代理业绩。我们破釜沉舟，就是要走一条自主创新的路子。"

　　陈大立自豪地说："那些能留下来的老员工，也是经过了痛苦蜕变才能跟上公司快速发展的步伐；新招聘进来的员工特别拼，给这家转型做喷涂机器人的企业注入新的活力。"

　　研发部门负责人向阳是在2013年年初加入泰达机器人的，当时是在工程部门做技术设计，为工程提供技术支持。没过多久，泰达机器人决定自主研发喷涂设备，专门设立了研发部门，陈大立任命向阳为该部门的负责人。向阳做机械设计工作接近三十年了，之前在大型军工厂做了二十几年的研发，后来南下

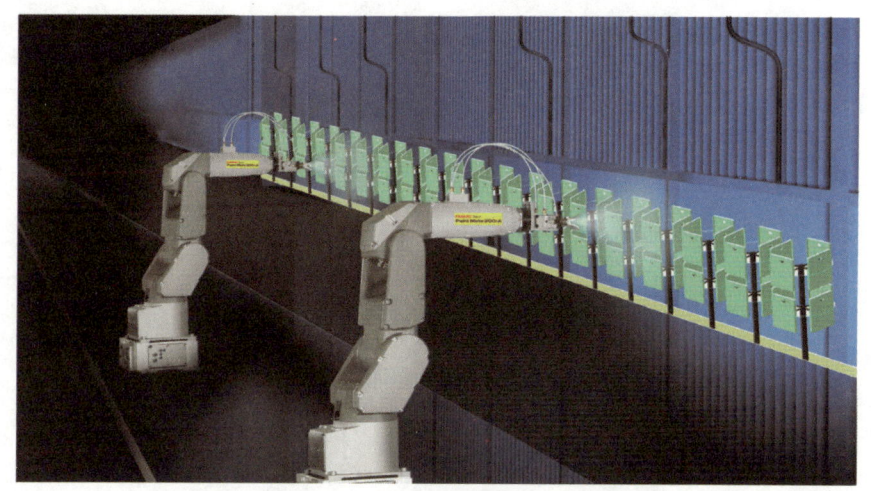

SpinPainter 嵌入式智能机器人喷涂系统正在喷涂手机背壳

来到深圳发展，他很清楚民营企业，特别是像泰达机器人这样规模还不算大的民营企业，要去做研发是多么不容易，因此他也很敬佩陈大立的执着和胆识。"在陈大立的带领下，研发部员工非常拼，短短两年的时间，我们就获得了国家级高新技术企业的资质，有我本人参与的专利就超过 15 项。我那些做机械设计的朋友们都十分羡慕我找到一个难得的好老板，一个难得的好平台。"向阳如此评价自己过去的工作成果。

　　为了留住核心骨干人才，将研发队伍凝聚在一起，为共同的目标奋斗，陈大立进行了股权激励，这是他来深圳自主创新创业的一大新举措。他回忆，过去在东莞的时候，从自己公司离职的员工很多后来都成了小老板，公司曾一度被业内人士称为"黄埔军校"，是小老板的摇篮。到深圳来一看，发现深圳自动化行业的中小型企业也非常多，很多技术人员出来自己做老板。但这些小企业的发展其实很受限，因为如果不能及时顺应时代潮流进行更新换代，就会面临技术落伍、企业规模难以增长的困局。"我当时就想到底如何才能改变这个局面，如何把优秀人才都留住，一起做大企业。最后决定进行股改，引进高端人才，打造新员工持股平台。"2015 年 6 月，陈大立拿出30% 的股份，让 18 位优秀员工持股。

得到客户的认可，这令我感到非常自豪

2016 年 3 月 24 日，由深圳市机器人协会举办的首场"3C 行业'机器换人'公益助推活动"成果示范展示大会在深圳隆重举行，泰达机器人重点展示了手机背壳机器人喷涂案例。

泰达机器人将其自主研发的"机器人闭环流量控制技术"运用于深圳市德威精密模具有限公司的手机背壳自动化喷涂线，用 6 台机器人加上 12 支喷枪，能非常精准地控制流体喷

涂量，确保产品表面涂层膜厚度均匀，很好地减少浪费，大幅提高良品率，一条机器人流水线一个小时能够喷涂 10200 个手机背壳。

"采用手机背壳机器人喷涂解决方案后，不仅让我们的涂料利用率提高了 30%，VOC① 减排 40%，手机良品率更是提升至 95%，并且在一年半时间内收回了所有的投入。"深圳市德威精密模具有限公司相关负责人说。

台湾上市企业在大陆设立的东莞广泽汽车饰件有限公司（简称"广泽"）是一家专业从事汽车水转印零部件生产的企业。2016 年，广泽提出需要上马一条水转印自动化生产线。这是广泽首次尝试无人化生产。

泰达机器人在这一自动化改造项目的招标中胜出。为了打造最好的水转印自动化生产线，泰达机器人的工程师与客户的自动化工程师进行联合设计。

陈大立说："这个项目集成化、自动化程度很高。要使 15 台机器人联动，每个机器人有不同的工艺要求，需要对被喷涂

① 挥发性有机化合物（Volatile Organic Compounds）。

物件进行自动判别，机器人直线追踪比较多，而三角机器人的追踪对高度、角度、速度都有很高的要求。使用自动化生产线之前，两班制需要 80 ～ 100 人，使用自动化生产线之后所需员工不到 20 人，全过程自动化生产线，完全满足柔性化、自动化生产线的需求。这个项目的成功实施，证明了泰达机器人过硬的技术实力。广泽在墨西哥、武汉等地工厂的自动化改造项目都陆续交给泰达机器人来承担。得到客户的认可，这令我感到非常自豪。"

目标在前方，路就在脚下

2016 年，泰达机器人一共有 60 名员工，销售收入达到 1 亿元，人均产值 100 多万元。陈大立的目标是在 2017 年销售业绩翻一番，员工大约增至 100 人，人均产值约 200 万元。他果断地说："国外机器人企业，一般人均产值是 300 万元到 500 万元，我们还有很大差距，需要继续努力追赶。"

新的方向在哪里呢？泰达机器人与中国科学院、中车集团合作，正在研发面向轨道交通的机器人高效打磨、绿色喷漆、激光除漆的技术，这是一个崭新的领域，也有巨大的市场需求。

轨道交通喷涂项目的同步外部轴轨道机器人

　　中国高速动车组屡次刷新世界铁路的运营速度纪录，已经成为中国制造的重要标志。目前，在国内，车体高标准制造所需要的车身打磨和抛光主要还是靠人工完成，存在劳动强度大、生产效率低和表面质量不稳定等问题。

　　陈大立介绍："在整个生产过程中，由于打磨机的角度不能自动调整，降低了工件表面光洁度；车身尺寸较大，限制了人工的工作范围，不能形成稳定的工艺流程；人工打磨还对人员素质提出了较高的要求，不适应动车组多品种、多规格的生产需求。而采用机器人打磨抛光时，可以控制打磨盘的角度和力度，使之在工作过程中与车身表面保持正确的角度和恒定的力矩，容易实现路径轨迹灵活、加工柔性大、操作简单和空间利用率高等优点。因此，我们可以研发一种针对动车组车身的多自由度智能型打磨抛光机器人，高效率地打磨车身腻子，从而解放生产力，降低人工成本，提高中国高速动车组制造的性价比，提升中国制造的市场竞争力。"

深圳市 2014 年 11 月出台的《深圳市机器人、可穿戴设备和智能装备产业发展规划 (2014 ~ 2020)》中，机器人、可穿戴设备和智能装备产业被列为深圳的第五大未来产业。采用机器人技术和打磨抛光工艺的成套设备属于机器人、智能装备产业的范畴。"智能制造"在神州大地上正如火如荼地推进，泰达机器人也将在这个技术升级大潮中扮演更重要的角色。

目标在前方，路就在脚下。陈大立把目标定为超越过去的自己，就在他一步一步前行的时候，身边团结的力量更强大，肩头的责任更重大，难能可贵的是，他仍然保持着朴实、真诚、谦虚、勤奋的本色，坚韧而执着地朝着更远大的目标进发。

【创业心路】

这是一个大家共同创业的平台

陈大立

创业相当艰难，而创立需要体系化建设的公司更难。我们这个行业是传统产业，不像互联网行业有爆发式增长的机会，我们需要对人事管理、财务建设、营销管理、技术研发、工程实施、生产制造等进行体系化的建设，创业者必须具有市场的前瞻性眼光，很强的综合能力。即使这样，一个人还不行，还必须依靠优秀的团队，才能在创业的道路上走得更远、更顺。

谭维佳是留学澳大利亚的经济学博士，目前担任董事会秘书，对行政工作管得很好。王辉以前是迈瑞的董事会秘书，目前负责我们的融资工作。杨雪文是在富士康工作二十多年的专家型技术人才，目前在负责创新材料的应用研发。这些优秀人才进到泰达机器人这个平台后，共同营造了良好的工作氛围。可以说，这是一个大家共同创业的平台，每一个人在这个平台上充分释放着智慧和才华。

我对泰达机器人的未来很有信心。不论是创新材料的应用，还是传统产业的改造升级，泰达机器人都有很多机会。比如，把膜厚技术控制在微米级以下级别，提供更好的玻璃表面处理的解决方案，应用前景会非常大。如今，我们企业的肌体强健，团队已经定下未来五年的发展计划，我们正团结一心奔向这个共同的目标。

【创业法则】

创始人要用企业文化来带队伍

企业文化不是徒有虚名，而是从企业诞生第一天就开始形成。企业文化是企业的软实力，是一支队伍战斗力的核心。从泰达机器人的发展过程中，可以看出创始人用文化带队伍是多么英明。

陈大立为了留住核心骨干人才，将研发队伍凝聚在一起，进行了股权激励。他说："我当时就想到底如何才能改变这个局面，如何把优秀人才都留住，来一起做大企业，最后决定进行股改，引进高端人才，打造新员工持股平台。"2015年6月，陈大立拿出30%的股份，让18位优秀员工持股，从而把员工紧紧团结起来。人性化管理、制度化管理形成了独特的文化氛围，吸引着泰达机器人的员工奋力前行，不断推出创新成果。

创始人重视企业文化建设，既可以让四方精英心向往之，又能凝聚企业核心员工，让他们发自内心地热爱所从事的工作，这样可以让企业核心员工凝聚在一起面对各种挑战和机遇。创始人用文化来带队伍，让企业上下都拥有共同的核心价值观，可以让企业形成很强的战斗力，以应对激烈的市场竞争。

【人物档案】　◉　陈大立

　　陈大立，毕业于湖北工程学院中文系，深圳市泰达机器人有限公司创始人及董事总经理。曾担任美国固瑞克中国区办事处首席代表。2001年创立泰达机器人前身——东莞升泰流体机械有限公司。

郑智宇：鹰驾科技致力于保障生命安全

　　在深圳留学生创业园有一家与众不同的企业，创始人团队是由一名中专毕业生和一名海归博士组成。虽然他们的人生经历迥然不同，却为了一个共同的创业梦想走到了一起。

　　鹰驾科技（深圳）有限公司（简称鹰驾科技）创始人、CEO郑智宇身材敦实，皮肤黝黑，目光笃定，一看就是在商海中身经百战的人。他说："我是一个外贸专业的中专生，拥有十多年国内外贸易经验。段侪杰博士擅长技术研发，虽然他是生物医学工程专业的博士，但对将视频与图像技术用于研发辅助驾驶系统很有兴趣，所以我们联手创办了鹰驾科技，主要从事先进驾驶辅助系统的研发。我们俩这个创业组合可以说是优势互补，双剑合璧。"

外贸生意的成与败

郑智宇从广西外贸学校中专毕业后，于 2001 年在香港注册了智龙工艺品有限公司（简称智龙）。这是一家"夫妻档"的创业公司，主要从事编织工艺品的出口贸易业务。郑智宇属于胆大心细的人，他在成立智龙之初，就跑到美国、欧洲与大客户洽谈合作，最后达成了直接给欧美大型超市供货的协议，使智龙成为广西首批向美国大型超市直供货物的厂家，避开传统外贸必须经过香港或者台湾贸易商的老路子。

"当时，我们年销售编织品篮子超过 60 万个，创造超过 3000 个工作岗位，每年创汇超过 500 万美元，"郑智宇自豪地说，"沃尔玛、Dollar General[①]、Kmart[②] 等大型超市都是我们的客户。当时单个集装箱的利润就超过 40 万元，我赚到了人生的第一桶金。"

---

① 美国达乐公司。
② 美国凯马特公司。

2017 年高交会上，鹰驾科技参加科技部组织的科技创新创业成果展

2005 年，靠外贸起家的郑智宇夫妇在深圳买了新房子，生下第一个孩子，生活富足而平稳。可惜，外贸生意好景不长，2008 年全球金融危机爆发，智龙最大的一个海外客户破产倒闭。这个客户在美国有 100 多家连锁店，每个月向智龙进将近 10 万美元的工艺品，智龙给该客户 6 个月的账期。客户破产了，智龙被拖欠的 45 万美元货款白白蒸发了。郑智宇那段时间非常痛苦，陷入反思：为什么要给客户这么长的账期？还不是因为自己的产品没有竞争力，只能靠拼价格和账期来获取

订单。这就给企业造成了巨大风险隐患，一旦客户破产，必然殃及自己。

在编织艺术品生意失败后，2008 ~ 2009 年，郑智宇进入一家外企担任高管，系统学习外企的管理文化。

我们一起来创业吧！

2010 年 3 月，郑智宇作为创始人之一，参与创立深圳道可视科技有限公司（简称道可视），完全从零起步，初期从事倒车轨迹软件产品的研发、生产和销售，2012 年率先推出"360 环视"产品，打造了在国内有很高知名度的"360 环视"品牌。后来，郑智宇因为与合伙人经营理念不合而选择离开。

在这次创业过程中，郑智宇既尝到了用高技术创业的甜头，又体会到了科技公司要获得长远发展股东必须要团结。因此，在第三次创业时，他对合伙人的要求一是技术研发能力强，二是经营理念能保持一致。经朋友介绍，郑智宇认识了北京大学博士段侪杰。段侪杰曾到美国纽约州立大学石溪分校计算机信息和图像实验室担任访问学者，2009 年回国后在清华大学深圳研究生院任副研究员。段侪杰主要从事图像、视频处理，计算机辅助检测和诊断，基于网络的远程医疗技术研究等，申请和授权中国发明专利多项，美国发明专利 1 项。

郑智宇很想与段侪杰一起创业，从 2014 年起就开始游说，让他关注汽车辅助驾驶系统，说这可能是个很好的创业方向。于是，段侪杰调研了汽车辅助驾驶系统的产业现状和未来，了解到这个产业未来有巨大的发展空间。

段侪杰告诉郑智宇："虽然我过去的研究方向是生物工程专业，但与研发汽车辅助驾驶系统的底层技术是一样的。简单地说，医疗器械产品是从图片上检测病灶，ADAS① 是从图片上检测汽车和行人，开发视频与图像的模式识别技术是类似的。"郑智宇听了很高兴，对段侪杰说："医疗器械项目前期投入很大，周期长，所以我还是想做汽车辅助驾驶系统项目，你如果对技术开发有信心，我负责投资，你负责研发，我们一起来创业吧！"

经过十个月的筹备，鹰驾科技（深圳）有限公司在 2015 年 8 月 31 日成立。经过一年的紧张开发，段侪杰率领研发团

---

① 高级驾驶辅助系统（Advanced Driver Assistant System）。

队在德州仪器的芯片上开发出自己的 360 环视系统。2016 年 11 月，郑智宇带队到美国拉斯维加斯参加国际汽车零部件及售后服务展览会 AAPEX[①]，鹰驾 360 环视系统获得海外客户的青睐。

"这次参展，我们发现不仅小车需要这个产品，大车更需要，因为大车的车身大、轴距长、盲区大，360 环视系统应用更广泛。"具有敏锐市场嗅觉的郑智宇果断地将鹰驾科技产品定位为为大车提供 360 环视、ADAS、4G[②] 和 GPS[③]、车联网产品。

全身心地投入到这个事业中来

随着鹰驾科技进入迅猛发展阶段，段伟杰于 2017 年年初正式辞职，离开工作了七个年头的清华大学深圳研究生院。他说："创业需要百分之百地投入。如果我们要持续迭代进步，为用户提供越来越优质的产品，那我就必须全身心地投入到这个事业中来。我也深刻认识到用先进视觉技术手段保护行人安

---

① 美国（拉斯维加斯）国际汽车零部件及售后服务展览会（the Automotive Aftermarket Products Expo）。

② 第四代移动电话行动通信技术。

③ 全球定位系统（Global Positioning System）。

全，是非常有意义的创业方向。"

段侪杰介绍，我国在 ADAS 研发方面几乎没有掌握核心内容，从传感器到算法，以及系统整合模式都在重复国外领先公司的老路。这种方式在技术层面和应用层面很难实现赶超，更无法做到国家要求的"标准制定"。而我国近年在互联网技术、电子技术、大数据、智能计算方面的发展，为实现在高级驾驶辅助技术方面的赶超提供了强有力的基础。同时，由于该技术对智能处理算法有很强的依赖，通常在硬件和传感器不做改变

2018 年 7 月 1 日，在第 27 届广州国际汽车用品零配件及售后服务展览会上，郑智宇为媒体介绍鹰驾科技的产品

的情况下，先进算法可以对系统各方面性能的提升起到极大的作用。

段侪杰的努力没有白费，至少在搭档郑智宇眼里，他带领的研发团队是非常出色的，不仅实现了产品从无到有的突破，而且储备了一些先进技术，构筑了技术壁垒。目前，鹰驾科技的项目及产品从模式、系统和算法三个层面进行改进和创新，提出独立于现有 ADAS 和全景系统的解决方案，研究和开发更多、更实用的辅助驾驶模型。

首先，通过多传感器向驾驶员提供更多车身周围状况的有效信息，包括通过多路高清数字摄像头重构汽车全景影像，提供车身周围，特别是盲区内的直观影像信息，旨在解决驾驶过程中的盲区问题。其次，通过智能算法对传感器信息进行处理，在特定情况下为驾驶员提供报警提示信息，比如可能的障碍物碰撞、行驶轨道偏离、前车距离过近等，旨在解决驾驶员在驾驶过程中由于注意力分散等导致的危险驾驶行为。最后，通过"车联云"的方式，连通单个终端和中央数据库，通过收集驾驶员驾驶行为和车辆行为数据，对驾驶员的驾驶行为进行分析和评价，对驾驶员驾驶习惯的安全性进行评价，从而在终端上

段侨杰正在进行产品研发

对驾驶员的驾驶进行更精准的辅助指导，并可以为保险公司等机构提供驾驶员驾驶习惯的评估数据。目前国内外还没有相关产品能够系统地解决以上三个问题，通常只停留在前两个层面。而第三个层面才是从本质上提升辅助驾驶系统性能，并进一步引入有效的社会监管，显著降低交通事故发生率的关键。

　　郑智宇拥有国际化的眼光，他说："公司一开始就定位要做国际化的产品，美国、韩国、欧洲的汽车产业发达，我们的产品如果得到这些发达国家和地区客户的认可，那么在国内销售一定也不成问题。"根据他的部署，在美国针对大型车辆进行 ADAS 产品创新，在韩国针对校巴、残疾人专用车市场进行产品定制化设计，在以色列为高智能车辆提供 ADAS 产品。凭借过硬的技术实力，鹰驾科技的产品被越来越多客户信赖。

对于鹰驾科技的未来，郑智宇和段侪杰都充满信心，他们一致认为我国汽车工业要想突破重围，智能汽车电子技术是最佳的突破口之一，其中，辅助驾驶和自动驾驶是智能汽车电子技术的未来发展方向。其最核心的部分是基于多传感器融合的智能算法，以及基于大数据的模型构建和分析技术。

有关专家认为，从技术发展的角度，具有核心研发团队的小微企业在 ADAS 领域的研发具有先天的优势，并很有可能在技术方面实现对国际同行的赶超，再造新形势下产业竞争新优势。无疑，鹰驾科技是其中一颗具有巨大潜力的科技创业明日之星。

【 创业心路 】

创业团队最重要

郑智宇

　　我拥有十多年的创业经验，这一路走来，认为创业团队最重要，组建优秀的创业团队确实可以有"1+1>2"的效果。

　　人们常常问我："你是个中专生，可为什么喜欢与博士高才生搭班创业呢？"因为我知道自己的短板，虽然有点外贸经验，但没有技术背景。而段博士的强项正好是技术研发，他的科研成果如果只停留在高校的实验室里，也非常可惜，所以他需要把成果推向市场，但他缺乏市场化运作的经验，那么他创业就需要我这样的"老司机"搭班。最难得的是，我们有共同的理念，有坚持长期创业的想法，我们都想做对社会有意义的事情。所以，围绕共同的人生目标，我们俩组合起来，互相补足了短板，发挥了各自的长处，增加了创业的成功率，所达到的效果也是双赢的。

【创业法则】

凭真诚找到好搭档

段侪杰大学一毕业就到高校任教，虽然心里一直有创业的想法，但似乎从来没有把技术型的创业和这位中专学历、从事手工艺品出口生意的商人郑智宇联系在一起。

但随着接触的深入，段侪杰却发现郑智宇身上有一种特别的真诚和坚持，从而也坚定了合作的决心。段侪杰发现郑智宇平时喜欢阅读历史、人文、哲学等领域的书籍，结合自己多年社会打拼和从商的经历，对很多问题都有自己深刻的思考和认识，并进一步形成一套自己的行为逻辑。对于一名商人而言，钱似乎应该是最重要的。但对郑智宇而言，钱应该花在该花的地方，而不是装进自己的口袋里。连续几次技术型创业，郑智宇几乎都是毫无保留地提供资金支撑和市场资源，在他看来，把事情做起来，把公司做大，才是最重要的。出于种种原因，郑智宇的这几次技术型创业并没有达到预期的效果。

在这期间，段侪杰和郑智宇一直保持联系。段侪杰一直有创业的想法，但苦于自身只专注于研发，对公司运营和市场营销毫无经验，一直苦苦思索却无果。有感于郑智宇对技术型创业近乎傻子般的执着与坚持以及不计回报的付出，再加上两人在创业理念、思路、价值观方面高度一致，段侪杰认定郑智宇是一个值得信赖的、可以长期合作的创业伙伴。所以，他做出从大学离职与郑智宇共同创业的决定。郑智宇凭借真诚、坚持，找到了理想的创业搭档，开始一段新的创业旅程。

【人物档案】　◉　郑智宇

　　郑智宇，鹰驾科技（深圳）有限公司创始人、CEO，资深国际营销专家。2001 年创办智龙工艺品有限公司并担任总裁。2009 年参与创办道可视科技有限公司。

【人物档案】 ♀ 段侪杰

段侪杰，鹰驾科技（深圳）有限公司联合创始人、CTO。北京大学核技术及应用工学博士、美国纽约州立大学石溪分校计算机信息和图像实验室访问学者。曾任清华大学深圳研究生院副研究员。

张丽秀：为快递业信息化插上翅膀

从 2012 年 4 月参与创办深圳支付界科技有限公司（简称支付界）以来，张丽秀就投身于这家专注于为物流快递行业提供解决方案的创业型企业。她拥有在小霸王公司工作的经验，但选择的创业道路与过去的经历全然不同。

张丽秀由衷地说："看到员工成长，真的是无比激动，觉得一切都是值得的，他们的收获就是我的收获。看到与支付界牵手合作的快递企业成长壮大，哪怕只是一点点，都有实现人生价值的喜悦感。"就是以这样一种心态，支付界于 2016 年先后通过国家高新技术企业和深圳市高新技术企业认定，荣获国家十大信息产业公共服务平台评选的"2016 年度中国互联网 + 现代物流快递行业领军企业奖"和"2016 年度中国 IT 行业领军企业奖"。

切入快速发展的快递物流行业

"在小霸王工作的经历，让我初次体验研发技术对产品的重要性，质量则是树立品牌的基石。这么多年走来，不停地看，不停地思考，这个观点已经根深蒂固。后来我做销售，诚信是建立双方合作最为坚固的纽带，以前不是很明白，只是依稀有这样的感觉，现在知道世间一切皆因果，诚信为因，合作为果，真实不虚。我从事计划、采购、仓库管理、计调、生产、销售、服务，供应链的每一个过程，是在没有目的性的前提下，随机体验的，现在想来以前那些经历何其珍贵。物流快递的发展，必将成为供应链越来越重要的一条纽带，这好像我要重回到每一个节点，时代的节点在变，可背后的那些东西没变，我仿佛在跨越时空，体验生活，无比美妙。"张丽秀分享着多年拼搏的收获。

张丽秀介绍，随着互联网技术与电子商务的高速发展，尤其是近年来网络购物快速兴起，据统计，我国网络购物市场规模从 2007 年的 520 亿元增长到 2015 年的 3.8 万亿元，复合增速达 71%，网购规模占全社会商品零售总额的比例已超过 10%。激增的市场需求使得快递业爆发式增长，快递业 60% 的业务量来自电商。根据国家邮政局数据，快递业务量规模从 2007 年的 12 亿件增长到 2015 年的 207 亿件，复合增速达 43%，快递业务收入从 343 亿元增长到近 2800 亿元，复合增速达 30%。2016 年快递市场业务量达到 312.8 亿件，业务收入达到 3974.4 亿元，分别比 2015 年增长 51.4% 和 43.5%。目前，我国已成为全球最大的快递市场。

"同城物流配送，是整个物流配送体系中最后一个环节，也是最关键的一个环节，直面用户体验和客户服务评价，这是大物流配送体系所无法实现的功能。因为，所有的物流配送在经过中间的物流配送环节之后，最后都要通过同城物流这最后的分流配送环节来实现货物的最后传递。所以同城物流对于物流市场信息的捕捉与敏感度具有得天独厚的优势。"张丽秀说，同城业务已成为经济增长新引擎。随着电商、网购、移动生活等消费方式的普及，线上、线下模式融合，仓配一体化和电商渠道下沉，快递企业加速发展落地配送、社区配送服务。同城快递业务增速最快，全年业务收入563.1亿元，同比增长40.5%，但公司规模普遍偏小，信息化程度低，存在小、散、乱、差等问题。

如何提升同城快递业务的信息化程度呢？作为一家新兴的互联网信息科技公司，支付界瞄准这一市场的痛点，主营业务是提供面向快递行业的行业定制化解决方案，依托国家超级计算深圳中心（深圳云计算中心）强大的公共云计算、存储平台，主营产品是第三方智能快递云平台信息管理系统（简称快递云平台），其中支付作为业务模块的核心根植于快递云平台，串联起整个商业流程，满足快递行业高速发展所带来的无纸化、信息化和智能化需求。

张丽秀介绍，支付界为城镇本地同城配送提供独立的第三方物流管理、业务承揽、支付结算等服务，为中小快递公司、快递人员返乡创业、自雇式本地创业者提供高效、品质、安全、微成本的高端运营系统，提升业务竞争力和反应机制，向用户提供一流的无差别配送服务，目标是打造成国内知名的"社会化平台＋本地化专业服务＋具有综合社会效益"新型异构商业生态体。支付界为企业带来的经济效益主要有：优化成本结构，克服规模不大问题，保障运营效率，提升客户满意度实现利润最大化；增加社会就业和收入，利用本地化优势保障物流效率，提升经济活力，优化本地经济。

利他的模式让企业快速发展

找准行业痛点，提供专业、优质的服务，这是支付界立足的根本。支付界专注于提供快递物流业定制化解决方案，发现行业中有需求的中小企业并为之解决难题，创造增量价值。

当前以及今后数年，物流快递业将高速增长，但与之相对的是极度分散的市场情况，90% 以上的公路货运量依托于中小物流企业，这些分散的市场主体产业组织化水平较低，管理和交易效率不高。支付界市场总监惠冬指出，未来中国人口形势将越来越严峻，年轻人的劳动供给逐渐减少，而快递物流业目前依然是劳动密集型产业，需要大量人力去维持运营，因此制约电商，特别是网购行业高速发展的关键因素是快递物流，而劳动力又是快递物流的瓶颈，所以支付界的初衷在于通过自主研发的快递行业定制化解决方案，帮助那些缺乏管理体系、信息化处理能力弱的中小型快递公司，节省人力需求空间，在中国人口形势严峻，劳动力供给不足的客观条件下优化系统流程，增加这些快递公司的市场与盈利空间。

可以说，支付界透彻地洞察了传统快递物流行业的痛点并提供了具体解决方案，较好地解决了行业信息不对称、中间环节过多、非标准化、管理低下、资源闲置等困扰行业发展的问题，使得快递物流行业的作用模式更加高效。这是支付界的立身之本，也是支付界在初创阶段迅速成长起来的基本逻辑。

张丽秀介绍，支付界在创设之初就做出了宏大的规划，就是在未来致力于快递物流行业及其衍生生态的资源整合领域，而不仅仅是成为提供某种应用程序、客户端的系统开发公司。支付界的核心在于围绕同城快递公司深入挖掘相关资源，目前对外输出系统是基础工作，更高层次、更深入的核心理念在于对这些中小快递企业实施标准化、流程化管理，让这些企业以往无法通过可视化的管理或信息化处理的资源，在支付界统一规范的系统平台上"华丽变身"，使得支付界可清晰透彻地看到这些企业的配送质量。

此外，支付界还可以将中小快递企业原来分散的资源转变为标准化流程的资源，质量可管理的、可管控的资源，可以为支付界所用的配送资源。通过这种模式，支付界形成了一个表面上虽然不是快递公司，却拥有高质量配送资源的生态体系，相当于一个互联网型的快递公司。除了快递云平台，支付界创立的快递资讯网作为一个互联网信息收集、整合、发布的公共门户平台，可以有效地整合通道和资源。

那么，好的服务和产品如何才能迅速占领全国市场？张丽秀说："公司为了让信息化产品发挥更大价值，2015 年开始将快递云平台免费提供给中小快递企业使用。但是作为一个企业，

2017 年 10 月，支付界参加第 12 届深圳国际物流与交通运输博览会

高收益是发展下去的必需条件。当时我们只是想自己的产品通过免费让需要的人受益，这里的免费只是让客户先依托产品产生高收益，后续跟软件配套的硬件及此过程中的一系列业务也相继产生，可以进行适当的收费项目，但不脱离市场行情。我们把产品及市场情况进行分析，给股东汇报，从尊重的角度，以公司发展为前提，以公司利益为重来考虑问题、解决问题，大家很快就达成一致。我们又可以回到办企业的初衷、经营企业的目的，这内在的动力会引领企业吸引股东和客户，指引企业成长。"

支付界用该方法迅速孵化全国范围内的中小型快递企业，提供资金与专业的技术支持服务，帮助全国中小型快递行业发展和崛起。目前，包括深圳亿翔、重庆蓝天、厦门快客、阜新皆通、长沙邻家等国内快递物流企业使用了支付界提供的快递云平台服务。2015 年 4 月，支付界获得重量级投资机构的天使轮投资，并且先后与国家超级计算深圳中心（深圳云计算中心）、平安银行深圳分行、民生银行深圳分行等签署了战略合作协议。

不断探索商业模式的创新

张丽秀表示，快递云平台免费提供给中小快递企业使用，如今支付界的盈利点主要体现在两个方面。

一方面，支付界的主要盈利点嵌入整套行业解决方案的多个节点。作为系统平台提供方，虽然系统本身是免费提供的，但在与中小快递企业的合作过程中，支付界的利益诉求是通过给客户带来增量收益，从增量中分一杯羹。比如以往局限于单一区域的中小快递企业，本身没有能力承接全国性的订单，但如今通过支付界的全国性快递云平台，扩大了市场业务量与用户分布，与支付界实现了共赢。具体到业务上，在快递物流行业中，COD（货到付款）模式较为常见，并且目前现金付款依然是主流方式，快递企业因此面临较大的管理风险，支付界快递云平台对快递企业的支付系统和管理系统进行了整合，为企业节省人力成本并降低管理风险，作为收单机构的服务方享有分成。

另一方面，支付界围绕系统周边创造利润，快递企业所需的设备、硬件产品可由支付界提供或经由硬件厂商投资生产定制化设备，如在高频扫描快件中使用的巴枪是支付界提供的。

2016 年，中国快递行业悄然发生了巨变：在行业内，通达系、顺丰、EMS 组成的第一梯队你追我赶，龙头竞争激烈。在行业外，阿里巴巴、京东等电商染指快递，倒逼传统快递企业转型升级。冷链物流、快递下乡、跨境物流等开辟了快递新战场，仓配一体、供应链金融、电商等对转型综合物流跃跃欲试。作为一家新兴科技公司，支付界同样绕不开系统开发公司所面临的问题：巨额的软件系统开发投入、日常系统维护与运营成本、后台数据整合消耗的人力物力、客户售后服务成本等。即使快递云平台是免费提供给中小快递企业使用，但前期的获客成本依然不容忽视。传统的中小快递企业在行业高速发展、同业竞争愈趋激烈、并购风潮接踵而来的当下，是否愿意被第三方机构整合，这是支付界创业以来需要面对的不确定性风险。如何打造合理的"电商 + 支付界 + 快递企业"三者共赢格局，是支付界未来需要思考的重点。

未来大公司的竞争将会围绕大数据展开，谁掌握了数据，谁就掌握了未来。支付界把自身定义为一家技术驱动的数据公司，既有大数据资源，又有大数据思维，还有大数据应用能力，利用大数据挖掘衍生价值。随着支付界整个业务生态圈的成熟，各种数据会进一步在这个平台上沉淀，然后被发掘利用，转化为金融数据。张丽秀展望企业未来时说："未来支付界将作为一个一站式服务平台，联通金融机构的资金端与中小快递企业的融资需求端，提供创新性的金融服务，解决中小企业融资难的问题。"

【创业心路】

创业要付出不亚于任何人的努力

张丽秀

创业，首先要想明白做企业是为什么，这就是创业的初衷。然后，一切围绕这个去做，专心致志做好一个行业。

我感触最深的是创业要付出不亚于任何人的努力，因为创业是个系统工程，对创始人的考验是全方位的，一旦创业就要拼尽全力。日本著名企业家稻盛和夫曾说，将今天一天作为"生活的单位"，天天精神抖擞，日复一日，拼命工作，用这种踏实的步伐，就能走上人生的王道。他提出的"六项精进"，是我检验和实践日常工作、生活的哲学，并且常常以此激励自己和周边的人。具体地说，首先是付出不亚于任何人的努力，比任何人钻研得更多，而且一心一意保持下去，如果有闲功夫抱怨不满，还不如努力前进、提高，哪怕只是前进一厘米。还有，要谦虚，不要骄傲；每天要反省；活着，就要感谢；积善行，思利他；摒弃感性带来的烦恼。

【创业法则】

免费服务吸引客户，创新商业模式

为了迅速占领全国市场，让信息化产品发挥更大价值，支付界从 2015 年开始将快递云平台免费提供给中小快递企业使用，但会在后续跟软件配套的硬件，以及此过程中相继产生的一系列业务中增加适当的收费项目。支付界用该方法迅速孵化全国中小型快递企业，提供资金与专业的技术支持服务。

免费服务虽然可以迅速积累客户，但经营企业的目的是要盈利，"赚到钱"是对商业模式的验证。支付界盈利点主要体现在两个方面：一方面，主要盈利点嵌入整套行业解决方案的多个节点，通过给客户带来增量收益，从增量中分一杯羹；另一方面，围绕系统周边创造利润，快递企业所需的设备、硬件产品可由支付界提供或经由硬件厂商投资生产定制化设备。

【人物档案】 📍 张丽秀

　　张丽秀，东北财经大学 EMBA，清华大学 EMBA，高级工商管理硕士，深圳支付界科技有限公司联合创始人、副总经理。曾担任创业企业总经理。

【人物档案】 ◉ 方耀全

　　方耀全，毕业于北京大学，深圳支付界科技有限公司联合创始人、董事长、CEO。曾任控股管理集团总裁，基金管理公司总经理、高级副总裁。深圳市天津商会副会长、北大汇丰商学院移动支付与移动互联网金融专业委员会会长。

刘亚军：从红酒贸易商到机器人研制者

　　2017 年 6 月 23 日下午，中科·万科创客营首届大赛——建造机器人与公寓服务机器人设计与应用大赛决赛结束，广州市君望机器人自动化有限公司（简称君望）研制的创新安防监控机器人夺得第二名。君望与中科·万科创客营签署入营协议，中科创客学院和地产巨头万科决定投入资源共同推进该安防机器人项目的产业化和市场拓展工作。

　　君望总经理刘亚军有着浓重的湖南口音，他介绍自己是"机器人行业的新兵，红酒贸易行业的老兵"，而进入安防机器人行业是他主动进行产业转型的大胆选择。

不能放弃，只能前进

来自湖南宁乡的刘亚军，1998 年高考落榜后，上了三个月的电脑速成班，就拿着父亲给他的 1000 元，只身南下深圳。

刘亚军从小就想创业，想干一番大事业，也相信自己一定能干成，于是在深圳的赛格中康生产线上干了九个月，就离职去跑保险业务。

"不知天高地厚的我，在一年多的时间里做过保险，跑过直销，卖过化妆品、保健品、吉通电话卡、报恩福地等。因为没有学历，没有经验，天真率直的我四处碰壁，生活都没有保障，还欠了朋友、同学 3000 多块钱。每次无望、失落、痛苦的时候，我就会到莲花山上走走。我到底怎么了？我为什么会这样？难道我们农村的小孩就真的没有机会？难道老天就真的不会眷顾一下我吗？"刘亚军回忆起最初闯荡深圳时的境遇，感慨万千。累过，哭过，痛过之后，他又面带微笑，重新回到工作中，继续拼搏。

1999 年 9 月 7 日是刘亚军 20 岁生日，他在福田区岗厦村开往梅林四村的大巴车上，望着这个精彩的世界，竟伤心得泪流满面：当时他身上只有 10 元钱了，生日晚餐就是一个 5 元的快餐，没有给父母、朋友打电话，因为打了电话就没有钱吃饭了。

　　"不能放弃，只能前进。"他暗暗对自己说。在朋友的介绍下，刘亚军终于找到了一份好工作，做品客薯片的广告公仔，每天穿着气模，一站就是八个小时，可以赚 60 元。他怀揣着梦想，相信一切都会好起来的。由于工作积极认真，他成了达生公司整合营销传播机构的一员，第一次接触商超沃尔玛、家乐福、人人乐、新一佳等，做宝洁公司产品在深圳超市的活动——买汰渍洗衣粉送电影票。他非常珍惜这份工作，不分昼夜地跑场，几个月下来，深圳分公司取得全国城市销售第一名。沙宣夜场文化项目，他们又取得了很好的成绩。刘亚军说："这些为我带来了几千元的奖金，我有手机了，可以回家过年了，我对美好的未来充满了希望。然而开年的第一天，我被开除了，公司补偿了两个月的工资给我。大概是由于自己完全不懂职场规则吧。老天又一次与我开了一个玩笑。"

我是打不死的"小强"

　　2001 年 5 月 1 日，刘亚军来到广州。达生公司的一位副

总自己创业，开了一家广告策划公司，叫他去广州帮忙。刘
亚军当时的女朋友——也就是他现在的妻子——也在广州实
习。在这家公司里，刘亚军做了联通黄页的广州项目、葡萄适
在东莞的项目，还有 AC 尼尔森的一个市场调查项目。项目顺
利完成后的很长一段时间里，公司没有新的项目，刘亚军跟老
板学了八个月的市场营销策划，但公司终于撑不下去了。刘亚
军于 2002 年 8 月 6 日到龙程酒业担任市场策划工作，做金装
长城的市场推广。2003 年 8 月 8 日，他进入骏德酒业销售进
口酒。2004 年 11 月，刘亚军与朋友成立了佳富酒业，开始创
业。2007 年 12 月 22 日，刘亚军一手创办的君望酒业正式成立，
而他的小孩也刚刚满月，那天他幸福得大醉一场。

　　成立自己的酒业公司一年后，刘亚军争取到了新加坡朋友
的 500 万元投资，并且迅速赚到了他人生的第一个"一千万"。
接下来，君望酒业高速发展。刘亚军开始学习管理，读清华大
学的 EMBA，并拿到了美国乌尔苏拉学院的 MBA 学位。与此
同时，刘亚军的企业开始转型，并开始运作自己的进口酒品牌
和市场渠道。然而，在五年的转型升级中，他并没有达到预期
的目标，几千万元的市场投入并没有产生多少效果，公司发展

君望安防监控机器人在北京南新仓巡检

遇到了天花板。

"我们创立了自己的进口红酒品牌'嘎那',进入南城百货、华润万家等连锁超市,初期市场扩张速度很快,但由于品种不够丰富,销售量上不去,在低谷的时候投资商也退出了,"刘亚军说,"创业的酸甜苦辣,只有我自己清楚,但我相信,我是打不死的'小强',那些给我负能量、忽悠我、欺骗我的人,反而让我的内心变得更强大。"

我相信我们会成功的

2015 年 6 月,刘亚军去上海上课,在课间,他无意中想到了机器人。每个超市都需要导购员推销红酒,如果用机器人应该可以取代部分的人工成本。他越想越兴奋,一夜未眠。

　　回到广州后，刘亚军立马行动，找了几家机器人公司咨询：
"有没有红酒机器人或红酒导购机器人？"得到的回复是："没
有听说过。"后来他又去各地看了机器人展，又得到了同样的
回复。他更加兴奋，认为新的机会到了，他可以重新站到一个
新的高度。

　　"命运给了我一次做高科技的机会，我不懂技术，没有学历，
但我有相对敏锐的市场嗅觉，我相信，既然老天让我无意中想
到了机器人产业，并且一年后机器人产业成为'风口'，我相
信我们会成功的。"于是，刘亚军找了华南理工大学广州学院
一位能做机器人的教授，请他帮忙开发红酒导购机器人。他说：
"一年多以后，我设想的人形机器人在广州正佳广场、永旺超市、
苏宁电器等进行测试，发现效果并没有当初想的那么好，机械
手臂不灵敏，导航效果不理想，语音交互也不成熟。总之，产
品质量和功能都达不到我的要求，我只好自己组织团队开发导
购机器人。"刘亚军认为，红酒导购机器人必须具备两大功能：
一是介绍产品功能，那么语音交互技术要过关；二是让顾客能
品尝到红酒，就是要能够精准地完成倒酒的任务。于是，他让
技术团队聚焦这两大功能进行攻关。这个过程中遇到的困难并

不少，但刘亚军都能想办法结合各种资源一步步地解决，团队成员经常自觉加班到晚上 12 点。就这样，他们研发生产出来的导购机器人逐渐成熟。

2016 年 8 月 29 日，广州市君望机器人自动化有限公司在广州成立。一个月以后，刘亚军接到了广东海关信息中心的购买安防巡检机器人的订单。他一边根据客户的要求开发产品，一边找合适的产品来满足客户，几经周折，终于与湖南万为达成合作协议，由他们提供两台安保机器人给君望，君望再卖给海关。

2017 年 11 月，君望在高交会创客展上展示红酒导购服务机器人

君望安防监控机器人在沈阳北车站巡检

但事情并没有预想的这么容易。刘亚军回忆："由于产品的功能不能满足客户的要求，我们经常被海关叫去开会。在八个月的时间里，我们差不多开了上百次的会，机器人还是没有达到客户的要求。当然，我们的团队在接到这些问题时，不断结合客户的要求，不断研发和完善，终于赶在 2017 年 5 月 22 日的海关科技周前交货给海关，并且得到了认可。接下来在 5 月 26 日参加的中国创新创业成果交易会上，我们推出了安保巡检机器人，得到行业客户的赞许。"

　　"我得感谢我们的团队成员，如果没有他们日日夜夜的付出，我们不可能这么快就研发出符合市场需求的产品。因为我不是技术出身，不懂技术需求，他们就不停地给我讲，直到我明白为止。这样的技术与市场紧密结合，可以生产出符合市场要求的产品。"刘亚军话语朴实，但心底藏着一个巨大的梦想：海关、公安、物业等领域都需要性能可靠的安保机器人，君望如果能在技术上持续创新和不断积累，那么君望机器人一定可以凭借出色的性能成为中国安保机器人的领先品牌。

【创业心路】

人心齐，泰山移

刘亚军

关于创业，我只想谈一谈"人心齐，泰山移"。人心齐，首先得有人才行。作为一个创业公司，创始人不懂技术，要去市场上找有技术的人才为我所用，这个还真不容易。我每天都会在"前程无忧"上搜索人才，托朋友找人才，等等。找到有相关技术的人，我就发信息、打电话给他，告诉他我是一个怎样的人，我在干什么，我们公司在白云区，办公地点比较偏僻，问他愿不愿意跟我一起创业，每次一谈就是半天或者一天。终于，功夫不负有心人，我在三个月的时间里找到了做产品研发所需要的人才。我们现在有一支十多人的专业研发团队。这是一群跟我一样有梦想、有个性、有创业精神的精英，虽然他们中间没有"国家千人"学者，没有院士，没有教授，但他们非常高效、务实，以客户需求为导向，用最快的速度做出了中国领先的安保巡检机器人，他们是我为之骄傲的资本。

人有了，心齐了，我们的事业开始了。我相信我们一定会打开中国安保机器人的巨大市场，成为安保机器人行业里的一匹黑马，奔向美好的未来。

【创业法则】

被逼出来的转型升级其实大有可为

刘亚军说自己是被逼出来的转型升级，他从做红酒销售进入机器人研发生产领域，仅一年时间就已经初尝甜头。"在红酒导购机器人测试期间，我们机器人所在门店的红酒销售额提高了 3 倍，这给我很大的信心，我觉得导购机器人市场空间非常大。"

刘亚军始终坚持，懂市场的人与懂技术的人完美结合，才能做出叫好又叫座的产品，因此他强调研发工作一定要满足市场的强需求，红酒导购机器人就是一个生动的例子。就像刘亚军在采访中所说："抓住用户的一个强需求并很好地满足他，这个产品就能迅速打开市场了。"

被逼出来的转型升级其实大有可为。刘亚军既有敏锐的市场眼光，又有多年成熟的营销经验，他把目光转向服务机器人领域后，用信念和蓝图吸引来一批相关科研人才，在崭新的高科技领域开始新的一轮跋涉，其过程充满希望和勃勃生机。

【人物档案】 ⚲ 刘亚军

刘亚军，湖南宁乡人，广州市君望机器人自动化有限公司总经理。

汤洋："生毛豆"得到李克强总理的赞赏

汤洋，"生毛豆"创始人之一，现为深圳燚玄阁科技有限公司 CEO。2015 年 10 月 19 日，"生毛豆"跟随中科创客学院，走进了全国"双创周"北京主会场。当时，"生毛豆"从全国 2000 多个团队中脱颖而出，与超一流团队同台，向李克强总理展示"生毛豆"产品在环境信息方面的应用，获得总理的点赞。

"生毛豆"的诞生

汤洋在 2006 年进入深圳教苑中学读高中，在这里他遇到一个要好的同学许磊，但由于高二的时候，汤洋考到波兰去读大学，两个人的友谊只能通过邮件和 QQ 来维持。

海外的求学生活非常辛苦，汤洋三年就读完本科，考入丹麦科技大学攻读多媒体数学工程系研究生，并拿到全额奖学金。在第三个学期，他被老师派到日本东京大学做交换生十个月。汤洋在日本东京一边学习一边实习，并在日本产学研大会上发表了研究成果——通过推特大数据挖掘，可以预测股市的走向，这一有新意的研究成果让日本东京大学的老师对他刮目相看。

十个月后，汤洋回到丹麦哥本哈根做研究生的毕业设计，而日本老师特意把他推荐到美国麻省理工学院做交换研究员三个月，希望他能直接在麻省理工学院继续深造。

汤洋在麻省理工学院完成了一个小的研究项目后，2013年1月再次回到丹麦，找了家当地的公司上班。在这期间，他遇到了志同道合的伙伴，一起搞起了发明创造，"生毛豆"就是在这里诞生的。

其实，"生毛豆"的设计理念是汤洋与几个朋友一起在运动中萌生的。汤洋说："有一次爬山的时候，山下很热，到了山顶却很冷，但也不知道具体多少摄氏度，已有的气象服务都只能提供大概的气温情况，对于需要随时随地了解温度变化的登山、骑车等专业运动爱好者来说，意义不是太大。于是大家讨论能不能搞一个小设备，通过手机就能测量实时环境温度。以前大家了解天气情况是通过天气预报，现在虽然有了一些手机软件，但都是比较笼统的。这么重要的领域，却没有人再往前走一步。我们为什么不能发明一个可随时随地获取精确温度的东西？"

当时，这还只是一个想法而已，汤洋与朋友一起在2013 年年初开始研发这样一个测温度的新玩意儿，并取名为"Thermodo"，中文名"生毛豆"。最初提出创意的几个朋友都是软件工程师，通过一个偶然的机会他们认识了一位德国硬件工程师马克斯，马克斯答应帮助他们做硬件设计，于是通过九个月的努力，顺利完成了"生毛豆"的研发。

2013 年年底，产品原型做出来，初步在欧洲 Kickstarter 平台众筹时，三十天被 8776 名支持者购买 11233 件，获得 34 万美元，并入选了 2013 年度 Kickstarter "前 20 名最受欢迎的众筹产品"，于 2014 年在面向欧洲与美国的网站直销接近 5 万份。

就在 2014 年春天，汤洋收到了麻省理工学院的录取通知书，而他此时看到"生毛豆"卖得挺好，很想回国来做进一步开发和产业化。他非常纠结，是去美国读书还是回国创业？最后，他想，数码产品生命周期短，如果错过了这个机会，以后也不一定有能够创业的好项目，而且出国学习总是要回国发展的。这样一琢磨，汤洋毅然决定回国创业。

"生毛豆"终于"煮熟"了

好的创意需要行动力强的团队支撑。为了继续开发"生毛豆"项目，汤洋放弃了去麻省理工学院深造的机会，回到深圳，找到中学时代的好朋友许磊，商量着共同创业，最终成立深圳赑玄阁科技有限公司。"生毛豆"成为中科创客学院第一批入驻项目，获得创业辅导和帮助。

经过不断的修改、完善，"生毛豆"终于"煮熟"了。使用该测温装置的用户都可以在应用中的地图界面精确记录使用地点的温度。2014 年 11 月，在深圳举办的第十六届高交会上，这款名为"生毛豆"的智能温度计吸引了许多人的目光。把生毛豆插入智能手机上的耳机孔，身边的温度立刻显示出来，其显示精度可达 0.001 摄氏度，温测时间最快为 0.0025 秒。"生

"生毛豆"团队成员

毛豆"的智能温度计可广泛应用于环境温度监测、温度大数据
采集等领域。

"每个用户都是一个基站,随着用户数量的增加,我们希
望能形成数据库,满足精细化管理的需求。"汤洋说,他们根
据已有的数据、资料,做了一份 400 页的报告,就不同温度
对人的影响进行了系统分析。"比如,在特定温度下,人的注
意力更集中,更适合读书、工作;在另外的温度范围内,则更
适宜运动。通过展会,我们发现,20 世纪 90 年代后出生的年
轻人很喜欢我们的产品,这给了我们很大信心。"

汤洋说,参加高交会期间,非常多的参观者问他"生毛豆"
除了会测温度外,还有什么功能?为什么一定要用它来测温度
呢?"这个可以说是我回国创业遇到的第一个大问题。在国外,
我只要把东西做出来,国外用户自己就会学着如何使用,包括
寻找使用环境等,国内用户对产品要求有非常清晰的定位,我
必须回答他们为什么要用它,教他们怎么使用。也就是说,我
原来以为创业就是把软件修改一下,生产本地化,没想到还要
根据国内消费者的需求重新设计,重新定位,这样工作就复杂
多了。"

2014 年高交会后，汤洋的团队主要在研发上加大力度。2015 年夏天，中科创客学院通知汤洋带产品参加 10 月举行的首届"全国大众创业万众创新活动周"，同时启动了一轮专家评审。北京的专家告诉汤洋，说很希望看到"生毛豆"能提供 PM2.5 实时监测数据，如果能实现这个功能，"生毛豆"这个新玩意儿就有更重大的意义了。汤洋一直都在思索，如何丰富"生毛豆"的功能，团队也并不满足于只在温度上做文章。北京专家的建议给他们指出了一个新的方向，于是，汤洋和团队开始攻关对 PM2.5 的监测技术。

汤洋说："我们坚信，人类所有的科学都是建立在数字之上的。二三十年前，去菜市场买菜，每个人会带一把秤，怕缺斤少两。现在人们要健康生活，我们想要做那把'秤'，提供解决方案。我们一直想做可实现温度、湿度、PM2.5 等多环境数据采集的便携式私人气象站。"

2015 年 10 月 18 日，"生毛豆"参加在北京举行的首届"全国大众创业万众创新活动周"，汤洋把能够测试 PM2.5 的"生毛豆"原型样机带到了展会上，李克强总理对"生毛豆"提出的"环境因素对生活生产的影响的重要性"表示了肯定与支持。

少说一些，多做一些

汤洋从小在深圳长大，在他看来，深圳创业的人很多，国外却很少。"我在丹麦哥本哈根时，那里程序员社区很小，大家基本上都认识，回国后发现到处都有很多活动和新的事情发生，有很棒的创业氛围。"但他认为，有很多人还是很"投机"，"所以我们前期想在产品上多下功夫，少说一些，多做一些"。

汤洋感激地说，在国内创业得到很多人的帮助，深圳市气象局专家就给他们的产品提出了很多好的建议，比如，断电了设备应该还能继续运行，以保证数据的可靠性。2016年3月，深圳市气象局举办"乐享气象"活动，包括"生毛豆"在内的来自全国的12家团队凭借创意脱颖而出，获得了"气象大数据金钥匙"。汤洋说，他将通过对气象大数据的应用，创造出更具个性化的气象服务产品。2016年9月，新一代"生毛豆"原型开发出来了，融合了很多新的想法，功能更加强大，越来越像一个便携式私人气象站。汤洋说起自己熟悉的技术领域就滔滔不绝："'生毛豆'搭建了虚拟网络，可以实现数据共享，采用的信息传输技术是国际上最先进的，传感器具有精度高、测量速度快的特点。"

　　作为汤洋的合作伙伴，许磊说："作为创客，目前的工作既是创业，也是年轻的、充满创造力的团队成员们所向往的生活方式。"他负责对外联系生产等事宜，平时要处理采购元器件、与工厂协调开模等具体事务，这需要花费很多时间和精力。许磊显然逐渐适应了这种工作，即使每天出现各种意想不到的小情况，他都能泰然处之。

　　"我从不在家里谈论工作，妻子也不参与公司的事情，她支持我趁着年轻多尝试，多闯荡。"汤洋笑着说："没有束缚，信马由缰，崇尚创新，这就是我要的生活。"

【创业心路】

我享受创业的过程

汤洋

我有一些想法想要实践，即使可能是错的，也想要尝试一下。我不喜欢过多的条条框框，所以我宁愿创业。如果不趁年轻创业，我想我的人生就是有缺憾的，年老的时候一定后悔。即使第一次创业失败了，我想我还是会选择另一个方向继续创业。

我妻子现在是全职太太，儿子刚满周岁，现在她想开个婴幼儿游泳馆，我和双方父母都支持她的这个想法。从这件事情上，你就可以看出我对创业的态度。我很享受把自己的想法实现的过程，即使企业还没有达到盈亏平衡点，但我看到 2016 年比 2015 年的时候要好许多，每一天都在变得更好，技术方面有质的飞跃，团队得到了锻炼，这就让我非常开心和满足。我在这个过程中学习了很多，总结了很多，这就是收获。而不是说，我已经赚到很多钱了，经营状况却一天不如一天，那样的感觉肯定还不如现在爬坡的感觉好，毕竟我觉得前方很有希望，很有前途，即使目前这个阶段比较辛苦和煎熬，但也是值得的。

【创业法则】

想创业，要付诸行动

　　想到了，就行动，这是汤洋的创业逻辑。他研发"生毛豆"是缘于一次爬山，山下很热，到了山顶却很冷，但不知道具体温度。他想，能不能做一个小设备，通过手机就能测量实时环境温度？汤洋与伙伴一起在 2013 年年初开始研发这样一个测温的新玩意。通过九个月的努力，他们顺利完成"生毛豆"的研发。后来，因为不想错过这个创业的好项目，汤洋放弃了去美国麻省理工学院深造的机会。

　　其实，创业者应该是一个行动派，发现机会能第一时间扑上去，如果瞻前顾后、前怕狼后怕虎，是无法成功的。创业更是一步一步实干出来的，光空想是没有任何意义的。而且，创业需要激情，在没有太多人生成见和约束的时候，充满创造的激情、创新的勇气，这个时候投身创业，可以有无穷的精力和热情，为人生增添更丰富的色彩和厚度。

　　想创业，就要付诸行动！

【人物档案】　◎　汤洋

　　汤洋，毕业于丹麦科技大学，"生毛豆"团队创始人之一，深圳焱玄阁科技有限公司 CEO。

【人物档案】 📍 许磊

许磊，"生毛豆"团队创始人之一，深圳焱玄阁科技有限公司副总经理。

朱凌锋：为把想法变成产品"死磕"八年

53 岁的创客朱凌锋曾是一名电工，从 1996 年就开始琢磨研发智能扫地拖地一体机。他学历不高、年龄偏大，为了把一个想法变成产品，竟然"死磕"八年。从 2009 年专职做清洁机器人以来，经历多次创业失败后，朱凌锋在中科创客学院找到了技术导师，使产品方案不断升级优化，并且获投资商青睐，终于成功研发扫拖地一体机器人。

带着发明走上中央电视台

二十多年前的朱凌锋只是河北石家庄一家工厂里的一名普

普通通的电工。1993 年从工厂出来后，朱凌锋与朋友合伙做装修和园林设计的生意。1996 年春节前夕，朱凌锋回到老家，母亲叫他擦地板。他端了盆水，蹲在地上用抹布擦地，没过多久就觉得蹲得好辛苦，天气又冷，还要用手去拧抹布，很难拧干，这次痛苦的擦地板的经历让他萌生做一款电动拖把的想法。

从那以后，朱凌锋一边做装修，一边琢磨电动拖把的事情。这个时候，发明创造还只是他的"副业"。经过仔细调查研究，他发现全球智能吸尘器、扫地机的共同缺点是由于起源设计是在欧美国家，主要针对地毯环境使用，这直接影响到设计目的。这些产品都是对地面的较大颗粒进行清洁，对极为细小的颗粒就无能为力了，尤其是对硬质地面的污渍、泥浆等，还会使机器被污染。朱凌锋希望自己能发明一种自动扫地拖地一体的机器人，它拥有一套机器内部水循环和过滤系统，如同建立微型污水处理工厂，能完成扫地、拖地、清洗拖把等多重任务。

2009 年，中央电视台《我爱发明》栏目邀请朱凌锋演示他发明的电动拖把。播出之后，突然有一天，朱凌锋接到来自深圳一家智能扫地机器人制造公司负责人打来的电话，邀请朱凌锋到深圳，希望通过双方的合作把朱凌锋的发明变成成熟产品推向市场。

朱凌锋告别了父母，从石家庄只身来到深圳，住进了深圳这家扫地机器人公司的集体宿舍。这个时候，老家的亲友们以为朱凌锋很快就能把产品做出来，创业成功，衣锦还乡，所以祝福他的亲友很多。虽然那年朱凌锋已经45岁，但当时他是充满希望而富有冲劲的。

重新审视自己的人生

然而，父老乡亲们怎么也不能理解的是，把想法实现，转换成产品，其实有很长的一段路要走。朱凌锋一开始做的是手推式自动拖地机，一做就是一年多。后来，深圳这家扫地机器人公司要求他改成没有手柄的转盘式自动拖地机，项目需要重新立项、重新研发，而公司新上任的研发部门负责人又不重视这个半生不熟的项目，居然在2011年年底把项目砍掉了。

那年春节，朱凌锋回到石家庄，心情非常灰暗。他想，要是能找到投资商就好了，毕竟花了几年工夫研发，当时自动拖地机已经实现了前扫后拖的功能，还很节约用水，如果能做到自动规划路径，就可以投放市场了。

"市面上有自动扫地机，我们的自动拖扫机既能扫又能拖，这个东西还是很有市场前景的。"朱凌锋的想法是要坚持下去。而这个时候，身边的亲朋好友说什么的都有，钱没挣着，还不着家，各种泼冷水的话劈头盖脸，让朱凌锋异常苦恼。

2013 年，深圳又有一位企业主邀请朱凌锋合作，但在合作过程中，发现朱凌锋的项目很烧钱，因为自动控制部分开发难度高，需要投入大量资金做研发。当时，企业主认为自动扫地机更容易开发，更容易收回成本，于是朱凌锋的项目得不到重视。2014 年 9 月，双方解除了合作关系。

这个时候，已经 50 岁的朱凌锋开始重新审视自己的人生。他从一个想法出发，已经走了很长的路，遇到种种挫折、冷遇和误解，他问自己，自从登上《我爱发明》栏目，名气大了，是不是被虚名障了眼睛呢？是不是当初就不该在这一条道上走到黑呢？

2014 年 11 月中旬，深圳举办一年一度的高交会，陷入迷茫的朱凌锋独自来到五号馆，意外发现了"创客展区"，这里展示的东西很多是半成品，或者是发明专利，或者是方案介绍，而在展区里有一群穿红色 T 恤的年轻人在介绍项目，他打听

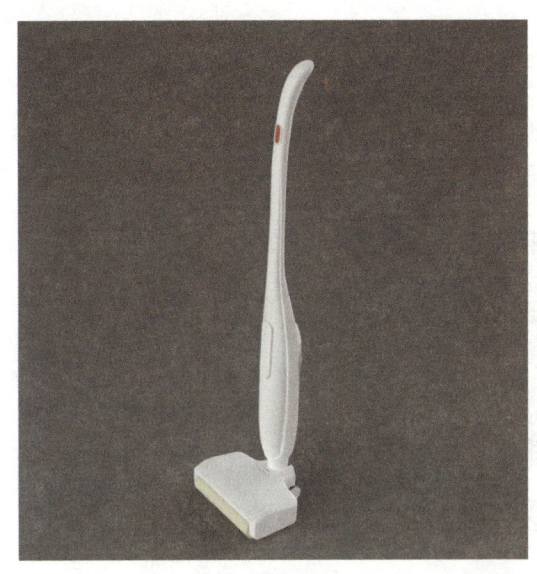

手推拖地机

到他们是中科创客学院的工作人员。

高交会后，朱凌锋寻找到了位于南山西丽的中科院深圳先进院，又找到中科创客学院的院长薛静萍，向其表达想进驻创客学院的想法。他希望在这里能得到科学家的专业辅导，等待机会寻找到合适的投资商。

心被挫折撑大了

薛静萍请专家组对朱凌锋的项目进行评审。最后朱凌锋通过评审，顺利入驻中科创客学院。

虽然，这里只提供免费的一桌一椅，可朱凌锋却觉得找到了自己的家。"我本来是要回老家去的，妻子还在石家庄打工。我 2014 年年底要是没有遇到中科创客学院，我就彻底死心，回老家去打工了。是中科创客学院拉了我一把，把我留在了深圳，而且为了多年的梦想，我又做了许多技术上的改进和突破。"朱凌锋平静地说。

在中科创客学院，朱凌锋遇到了中科院深圳先进院集成所认知技术研究中心张朋博士。张朋成为朱凌锋项目的技术导师。张朋说："家用机器人叫得很响，其实目前只有扫地机器人进入了家庭，而国内外拖地机器人做得好的几乎没有。朱凌锋定位的扫地拖地一体机，这个方向非常好，关键是要找到更便宜的方案，实现路径规划、自动导航。如果把物美价廉的智能拖地机做出来，肯定会受到市场的青睐。"

朱凌锋不仅找到了方向，还找回了信心。在中电港的一次路演活动中，朱凌锋幸运地找到了合作伙伴——林智宾。有十年电子消费品从业经验的林智宾一眼就看好这个项目，与朱凌锋一起成立了深圳星鸿云科技有限公司（简称星鸿云），致力于研发生产清洁服务机器人。

2015年年底，林智宾把项目介绍给了鸿海国际的投资负责人。鸿海国际答应投资朱凌锋的项目，条件是鸿海国际控股星鸿云。为了发明成果能够早日顺利产业化，朱凌锋接受了这个条件，并把公司从中科创客学院搬到京基滨河时代广场 45 楼——这里是深圳顶级的写字楼，既可以俯瞰车水马龙的滨河大道，又能远眺非常繁华的车公庙商业区。

"其实，过去这几年三番四次的折腾，我的心被挫折撑大了，放弃控股权也无所谓了，只要把事情做成就行。"朱凌锋说，他一直盼望着自己开发的家庭清洁机器人走进千家万户的那一天。

在创业路上越闯越自信

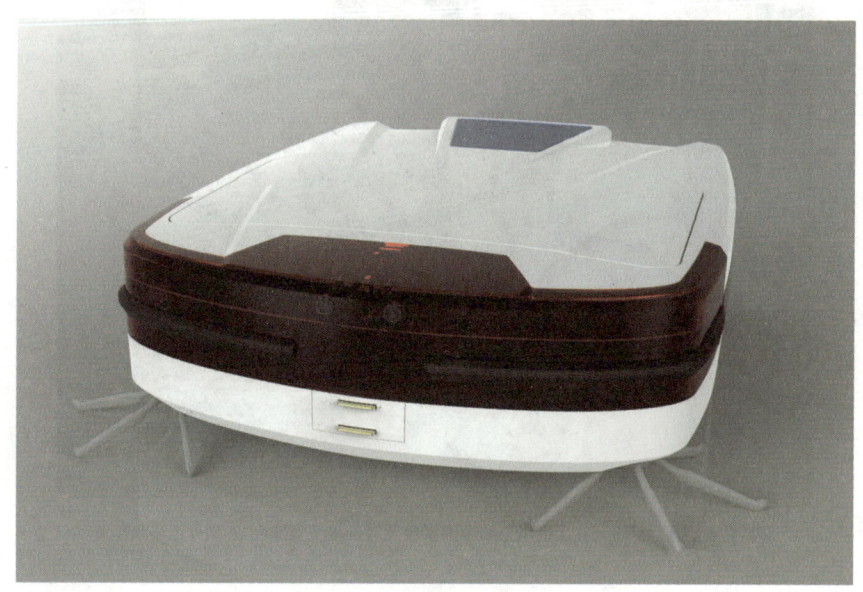

智能拖扫地机器人

　　家政服务机器人是指可独立自主进行室内和室外家务工作的设备，其中包括吸尘机器人、地板拖地清洁机器人、窗户清洁机器人、割草机器人、泳池清洁机器人，用于社会和寓教于乐为目的之机器人以及厨房机器人等。英国调研机构简氏集团（IHS Markit）在《2017～2021年全球及中国家庭服务机器人行业现状研究分析及发展趋势预测报告》中预期，家政服务机器人市场预计将以年复合成长率17%的速度成长，出货量将从2015年的1000万台增至2020年的超过1800万台。

2018年3月，星鸿云在上海举办的中国家电及消费电子博览会 (AWE) 上展示产品

　　朱凌锋认为，自己所做的这项研发非常有意义，需要尽快产业化。在获得了鸿海国际投资后，朱凌锋的团队从 2 人扩大到 8 人，用一年时间，利用独有的水循环过滤系统专利设计了带边扫、中扫、后拖的拖扫一体清洁机器人 NaviRobot。这是一款实现前扫后拖的家庭清洁机器人，只需 0.5 升水就可清洁150 平方米的地面。此外，星鸿云研发了 NaviMove 技术和NaviLidar 技术，申请了 NaviWheels 专利，实现清洁机器人精准的路径规划，"弓"字形规律行走、自动避障、智能绕行、自动回充等功能。2016 年，朱凌锋的团队参加了多项创新比赛，都获得了奖项，包括全国智能制造（中国制造 2025）创新创业大赛华南质量决赛"最佳质量奖"、高工启航杯机器人创新大赛"最具人气机器人创新企业"等。

　　"未来我们会增加视觉识别、语音识别和智能家居连接。"头发斑白的朱凌锋充满自信地描绘着清洁机器人的未来，"我现在也不是只有这一项发明，我还有好几个创意想法，比如商用智能拖地机、玻璃外墙清洗机，都有原理图和方案在脑子里，未来我还可以做很多事情。"

【创业心路】

这是我的使命

朱凌锋

最开始，我是看到市场上没有自动拖地机，想发明一个新玩意儿帮人们轻松地拖地。随着研究的深入，我越做越觉得这个东西很有用，它只需 0.5 升的水量就可清洁 150 平方米的地面。后来反复改进结构设计，外形也变得越来越漂亮，加上用机器视觉导航拖地，用手机就可以指挥它自动工作。我觉得离希望越来越近了，很多家庭主妇肯定需要它来帮助干家务。

我这么"死磕"了近十年，如果从 1996 年算起，都有二十年。其实我觉得这已经成了我的使命，因为直到今天，市面上也还没有类似的产品出现，只有我才能做出拖扫地一体的清洁机器人，只有我能用真正的发明成果解决拖地的需求痛点，所以我一直坚持到了今天。从某个角度看，我跟"偏执狂"差不多。

作为一个创业者，我认为深圳这个地方太好了，虽然这座城市给了我很多挫折和打击，但我从来不曾彻底绝望。这里有非常完备的电子产业链条，有大量的商业机会，有各种各样不怕失败的创业者，有非常开放包容的创业氛围，选择在深圳"死磕"，我从不后悔。

【 创业法则 】

创新者从来都是"少数派"

创新者从来都是"少数派",会遭到大多数普通人的质疑。创新必然会经过艰难的探索,甚至是不断失败,这就决定了创新是一件非常不容易的事情。深圳这座城市给予创新者应有的包容和尊严,让朱凌锋从来不曾彻底绝望,一直坚持在深圳死磕。

2017 年 6 月 23 日,中科·万科创客营首届大赛——建造机器人与公寓服务机器人设计与应用大赛决赛揭晓,星鸿云清扫机器人斩获第一名。虽然朱凌锋本人未出现在比赛现场,但他作为此项技术的发明人,得知房地产巨头万科的专家也青睐此项发明,是多么欣慰和自豪。

正因为创新者是"少数派",社会要营造尊重创新、崇尚创新的大环境,呵护这些创新实干家,帮助他们把创意做成产品,造福社会。这样,我们的社会也能因为源源不断的创新而变得更加美好!

【人物档案】　📍　朱凌锋

朱凌锋，深圳星鸿云科技有限公司技术总监。

吴帝红：无畏者前行记

吴帝红个子不高，长着一张娃娃脸，但这并不影响他果断地选择创业，而且执行力超强。他是看准了风口才创业的，而且一旦选准方向，出手猛、准、狠，与合伙人李海雯一起，以迅雷不及掩耳之势，在业界打响了美联美客的品牌。

发现了一个新机会

吴帝红拥有十多年软硬件开发经验，主要是嵌入式系统软件、应用软件的开发，在威盛电子（VIA Technologies）、飞索半导体（Spansion）等公司做过高级工程师。2009 年，他创业做消费类电子产品方案设计，虽然做得还不错，但没有抓住那波平板电脑爆发的时机，一直没有太大的发展空间。

吴帝红回忆："当时做'MP4+模拟电视'产品，做到竞争对手都没有了，市场只有我们一家。当时想，这么大的市场，一家公司应该活得很滋润，结果平板电脑一出来，MP4 市场一下就没有了。模拟电视芯片公司泰景自己都不做了，卖给了展讯。我手上就剩下一堆库存，几万片空 PCB[①]，价值十几万元，最后只换了两百多块钱。芯片还剩一个包装，也几万块钱，现在放在我的办公室，作为警示：做硬件千万要控制库存。"

后来，吴帝红的主要客户跑路了。因为做生意和客户成了朋友，吴帝红知道客户快顶不住时，也没有去追欠款，不想做压倒他的最后一根稻草。这次的损失不小。经历了这一切之后，吴帝红对单纯做硬件厌倦了，希望重新寻找方向。

2014 年年底，吴帝红看到智能硬件和移动互联网的突起，就下决心转向移动互联网软硬件结合应用。期待转型的吴帝红

[①] 印制电路板（Printed Circuit Board），又称印刷线路板。

惊喜地发现了一个新机会，就是微信"摇一摇"周边平台开放了 iBeacon[1] 蓝牙信号的识别入口——联想集团是当时第一批内测企业之一，而李海雯正是联想集团区域 O2O 项目的负责人。同一时期，吴帝红从智能硬件制造行业切入了 iBeacon 蓝牙设备及相关开发业务。

吴帝红说："iBeacon 是微信最重要的线下触发器，场景互动广告则是移动营销的风口。"他把想法告诉了李海雯，两人经过多次深入沟通，从业务合作中不断产生共识，最终联合组成了"技术 + 营销"的合伙人团队，并于 2015 年春天成立深圳市美联美客科技有限公司（简称美联美客）。

"美联美客自主研发的场景通 IPM[2] 互动系统，不限于微信形态的广告，它涵盖了包括 iBeacon、音频识别技术和 AR（增强现实技术）在内的场景互动主流技术方案，是传统户外媒体的效果引擎。"吴帝红用非常专业的技术语言介绍公司的业务。简单地说，就是用户如果看到户外广告，用手机微信"摇一摇"，就可以收到相关广告商品的更具体介绍，并能立即在网上购买。

---

[1]　苹果公司 2013 年 9 月发布的移动设备用 OS（iOS7）上配备的新功能。

[2]　IPM：Immediately Precise Measurable（实时、精准、可衡量）。

而吴帝红团队负责为客户定制硬件产品和后台软件开发。这一产品针对广告主越来越关注效果转化、传统媒体缺乏效果广告承接能力的痛点，既有效地让广告效果更好，又满足了用户"所见即所得"的购物需求。

美联美客设有技术研发中心、产品运营中心和互动营销中心，现有成员 40 多人。经过磨合，从软硬件技术研发到产品运营，从场景渠道拓展到广告客户服务，从营销创意到媒介广告，团队聚集了场景互动广告技术及运营的全方位人才。

勇气决定速度

勇气决定速度。当吴帝红和李海雯确定了这个创业方向之后，决定大胆前行，并且恪守十六字核心战略发展方针：市场先导、技术驱动、内容制胜、资本扩张。美联美客以非常快的速度进行市场开拓，取得了令新媒体广告业另眼相看的良好效果。

选择什么样的应用场景会使广告效果最好呢？吴帝红与李海雯商议，认为封闭空间内具有强制记忆、用户停留时间长、闲暇状态下无聊时段、实时互动提示重复频次高的特点，那么

吴帝红（右二）、李海雯（左二）与合作伙伴

公交车就是首选的应用场景了。负责市场营销的李海雯决定针对公交系统来个冲击力大的策划活动。

2015 年 9 月 22 日，大型公益环保互动体验活动"公交出行，摇蓝中国"打响了项目启动"第一枪"。3 万辆环保公交循环播放公益 TVC，日均 182 万人次通过手机进行公益互动，环保红包和微信卡券触达 742 万人次，杨幂、迪丽热巴等当红艺人倾力支持，全国 100 多家媒体传播报道。这一示范案例登上了 2016 年年初的微信公开课。

　　吴帝红回忆了这个活动的过程。他说，2015 年 7 月，在全国移动电视峰会上，李海雯发表了题为《传统媒体如何利用新媒体技术实现互动广告效果》的演讲，引起参会人士广泛关注，移动电视运营商既感觉到危机，又看到了新的机会，会后纷纷联系李海雯。在长沙广电及全国移动电视行业协会支持下，11 个城市公交移动电视联合美联美客，在 2015 年 9 月 22 日发起了 "9 · 22 世界最强无车日" 公益互动，验证了户外媒体大小屏互动模式的可行性。这也标志美联美客成功进入全国公交移动电视渠道。2015 年 11 月，平安和奇瑞等品牌广告客户成功入驻，美联美客的年营业收入一下突破了 500 万元。

　　下一个封闭的应用场景应该选在哪里呢？吴帝红与李海雯锁定电影院为新的目标客户。在大地影院对新媒体广告招标的时候，美联美客非常认真地做足准备，策划了红包雨、晒图点赞、趣味抽奖等互动营销环节，一举夺得大地影院 400 多家影院的独家新媒体互动广告全案服务商授权，运营效果相当不错。

要做一家既赚钱又值钱的公司

美联美客在融资方面是极其幸运的,经历了几个关键时刻:2015 年 7 月,天使投资人、凯立德董事长蔡友良先生基于对私家车空间的广播媒体互动价值判断以及室内精准定位导航的前景预期,极具前瞻性地投资了美联美客;2016 年 6 月,美联美客入驻星河·领创天下,获得了星河的投资,Pre-A 轮^①后估值超过 1 亿元。吴帝红对星河·领创天下提供的孵化服务不吝称赞:"星河·领创天下给我们提供了办公场地、投资,还提供了香港中文大学教授等前辈和导师的创业辅导、上下游资源的对接,这些花钱都买不到。他们对创客的各种支持让我们感觉非常温暖。"

"作为初创企业,关键是把握好发展的节奏,既不能过度依赖投资,'烧钱'圈地盘,也不能止步于传统广告业务收入。要做一家既赚钱又值钱的公司。"吴帝红冷静地说。2016 年,美联美客坚持 IPM 互动平台研发,坚持多场景互动运营,坚持户外媒体行业产业链资源整合,全年广告收入超过 1250

---

① A 轮的准备轮。

万元。

作为公司的首席运营官，吴帝红负责公司的技术研发方向。他介绍，公司在场景互动技术研发方面倾注了极大的力量，与北京理工大学等科研院校长期合作。场景通互动系统专注于解决传统户外媒体数字化和互动化的难题，致力于场景互动技术在传媒营销广告领域的应用和普及，持续提升广告行业运作效率，并促进广告效果转化。它以平台化的产品设计构想和极简式应用的设计理念，为大地影院、全国多个城市户外电视媒体所采用。

吴帝红说："我们正在开发音频水印技术，通过声音来让用户与广告屏产生互动，如果我们的技术成熟，可以给大渠道商输出整体解决方案，那个时候就距离理想目标不远了。"

吴帝红的目标是将美联美客打造成全国最大的户外媒体互动广告平台，2016 年已经覆盖了 155 个城市，场景通平台总覆盖 8000 万人次，月均活跃 1500 万人次，微信粉丝总人数达 300 万，2016 年总收入 1250 万元，实现年度盈亏平衡。

"下一步的关键任务是筹建场景通互动技术研究院，以领先市场的整体技术解决方案来占领更多场景互动市场份额，2018 年总收入预计 8000 万元，"吴帝红说，"创业的每一天我们都如履薄冰，看到一些同行陆续倒下，我们必须以小团队、高执行力去赢得更多的市场份额。"

【创业心路】

先找对赛道，再找对同伴

吴帝红

　　我的创业经验是，先找对赛道，再找对同伴。也就是大方向要对，然后找到志同道合的创业伙伴，这是非常关键的两个条件。

　　我愿意专注在某个领域通过创新的方式创造价值，那就创业吧。之后，我遇到一个在世界五百强企业拥有十三年营销经验的合伙人——李海雯，我们俩的配合也经过了一年多的磨合。不论思考问题的方式，还是性格特点，作为企业合伙人都需要逐渐磨合，最后达到彼此非常信任、理解、互相支持的境界。

【创业法则】

机遇是给有准备的人的

吴帝红反复说："创业需要下很大的决心，不要一时冲动。创业之前一定要做好准备，看清方向。"

其实，机遇是给有准备的人的，抓住机会与你之前的经历密切相关，你的知识积累、人脉积累、经验积累，都非常重要。凭借对产业的深入了解，才能洞察出产业发展的趋势，未雨绸缪；凭借多年积累的丰富经验和人脉，在创业过程中才能找到最合适的同行者。一些创业者的机遇看上去是凭借好运气成就的，实际上几乎无一例外都经过多年辛苦积累和扎实铺垫。

从表面看，吴帝红抓住了移动互联网创业的风口，实际上在此之前，他有过八年的打工经历，积累了丰富的软件开发经验，又在硬件领域独立创业五年。他经历的这一切，都是他为再次创业所做的准备。

【人物档案】　◉　吴帝红

　　吴帝红，深圳市美联美客科技有限公司首席运营官。曾任职于威盛电子、飞索半导体。

【人物档案】　📍　李海雯

李海雯，深圳市美联美客科技有限公司总经理。曾任职于联想集团。

龙军：EAI 志做智能移动系统佼佼者

第十九届高交会的"创客之夜"，深圳玩智商科技有限公司（简称 EAI）机器人智能移动系统项目获得"最佳投资价值奖"，并且获得英特尔"智胜未来"创新大赛入场券，成为当天活动中熠熠生辉的明星创客项目。

但 EAI 联合创始人龙军说："我们现在不做机器人了，主攻机器人的核心零部件——激光雷达和导航模块。现在我们的产品在业内非常受欢迎，欧美客户也纷纷找上门来。"

三次创业中最靠谱的第一次

龙军天生就不是一个喜欢安逸的人，2006 年还在广州大学工程系读本科期间，他就开始在电子商务领域创业，可是由于现金流的问题，企业运营了一年就草草收场。

首次创业就亏掉十几万元的龙军并没有因此对创业失去信心，反而学会了反思和沉稳，他决定先找个企业做销售方面的工作，积累必要的营销经验和人脉资源。2009 ~ 2014 年，龙军一边在外资企业大金空调做国内销售工作，一边寻找再度创业的合适机会。2014 年下半年，龙军开始第二次创业，主要瞄准家电后市场做 O2O 运营。这个领域特别需要大资金投入，无法顺利融资，运营不到一年就卖给广州一家同行。第二次创业又黯然收场。但从 2006 ~ 2014 年，作为互联网到移动互联网领域的创业潮的参与者，龙军见证了一个新兴行业从萌芽到爆发式增长所表现出来的旺盛的生命力。

龙军没想到，他会在 2015 年 1 月遇到一名挺喜欢折腾的同龄人李金榜，这个略显羞涩的小伙子是毕业于北京理工大学计算机系的硕士研究生，曾在网易工作四年，在腾讯工作一年，在软件开发方面颇有经验。李金榜告诉龙军，他非常看好机器人行业的发展，想在机器人领域创立一番事业，但业务方面还需要有人配合，如果龙军觉得可以，就一起做个创业企业。龙军心想，上一个十年属于互联网的爆发期，已经趋向成熟，几大巨头垄断了各个赛道，下一个十年属于智能时代的萌芽期，产业链条的各个赛道欣欣向荣，这不就是十年前的互联网萌芽期吗？龙军决定再次出发，但机器人行业涉及硬件，李金榜主攻软件和算法，还差一位硬件"大咖"，如果能找到合适的人选，一起搭伴创业，成功概率会高很多。

没过多久，他们在一个机器人论坛上遇到了第三位合伙人王品。已在华为工作了十年的王品也看到了机器人飞速发展的机会，他们三人一拍即合。龙军出任公司的总经理，负责公司运营管理、品牌的搭建、产品的市场推广及相关产品的销售；李金榜负责软件搭建和算法研发；王品负责相关硬件及激光雷达研发。一家新公司——深圳玩智商科技有限公司在中科创客学院注册成立了。

"我们三个创始人非常互补，各司其职，弥补了各自的短板。这次创业，是我三次创业中最靠谱的一次。"龙军笑言。

逐步验证市场的真实需求

最开始，三个合作伙伴一起凑了 60 万元，做的项目主要是延续李金榜的最初创意——家庭陪护机器人。大家花了很多精力在开发机器人核心技术上，虽然家庭陪护机器人有很好的交互界面、灵活移动的双足，可在高交会上亮相时，并没有人愿意买单。而这个时候，创业经费已经全部"烧"光了。原本以为机器人亮相高交会就能拿到一些订单，公司会有一些销售收入，没想到竟会颗粒无收。下一步何去何从？这个问题令三个合作伙伴异常痛苦，陷入了空前的迷茫中。

经过痛彻心扉的思考和反省，他们很快就清醒地认识到同一个问题：当下这个阶段，家庭服务机器人还没有真正被消费者所接受，市场还处于培育期。那么，企业要活下来，如果继续走家庭服务机器人的路线，肯定行不通，必须另辟蹊径。

三人开始多次讨论，再次审视团队自身的基因，最终达成共识，就是用符合客户需求的共性技术产品去逐步验证市场的真实需求。

擅长销售的龙军说："那一年多时间，我们研发的机器人身上其实有很多特别有价值的技术沉淀，比如激光传感器、导航核心算法，这些东西是否能单独拿出来销售呢？是否会有市场呢？"

李金榜回忆，高交会之后，大家经过市场调研，发现有国外厂家做机器人底盘，为二次开发提供了很多接口，而且精准度高，售价昂贵，而国内市场上还没有这方面的产品。于是，对标该类国外产品，他们开发出"EAI 机器人智能移动系统"，包括机器人移动双足、机器人眼睛和机器人小脑三个关键技术。机器人移动双足其实是 DashGo 移动平台，EAI 是国内第一家专门针对服务机器人开发的高性能、高可靠、低成本的移动底盘，其通用性、可靠性、耐用性深受机器人企业的欢迎，具有高精度、载重大、动力足、续航长和扩展性强的特点。机器人眼睛其实是激光雷达，光磁无线技术保证了长寿命、高可靠、高精度的性能，实现了毫米级的测距精度。

龙军把企业研发的机器人核心零部件产品放到淘宝网店上去试着销售，机器人智能底盘第一代产品的售价是 3999元。龙军清楚地记得成交的第一个订单是在 2016 年 3 月 23日。后续不断升级产品，正式稳定版的底盘价格是 4999 元，到后来推出的整套智能移动系统是 9800 元，仍然是供不应求的状态。有客户如此评价："别人家产品是越卖越便宜，而你们 EAI 的产品是越卖越贵，还卖得那么火！"龙军解释，因为 EAI 的技术产品不断地更新换代和升级，核心技术壁垒越来越高。

一点也不抱怨曾走过弯路

曾经有过两次创业经历的龙军对企业曾走过的那段弯路有独到的理解："如果没有做第一代机器人，我们就不能对传感器和导航模块技术有如此深刻的理解。走过的那段弯路实际上也积累了很多有价值的技术成果。我们三个人实在太互补了，只要对市场的需求把握准了，我们就能做出非常出色的产品，所以我一点也不抱怨曾走过弯路，反而很庆幸趁年轻已经共同经历了那么多。"

从研发机器人转到做机器人核心零部件，EAI 找到了正确的方向。负责市场销售的龙军永远都不会忘记第一个大订单："深圳本地一家做广告屏的企业看中了我们的技术方案，在我保证量产没有问题的前提下，该企业打了几十万元技术服务费给我们，这是对我们最大的认可和信任。"

"2016 年夏天，在我们要做激光雷达量产的前夜，北京一家投资商给我们注资了数百万元。2017 年我们计划开发多线激光雷达产品，国内多线激光雷达的研发还处于萌芽阶段，我们很有信心在这个技术领域有所突破、有所创新。"龙军充满自信地说。

李金榜对未来服务机器人也很看好。他说："虽然人形双足机器人进入家庭很有优势，但目前阶段，不论从稳定性、载重能力，还是从价格优势来看，轮式机器人还是有很多应用机会，所以智能移动系统在未来几年里还是很有市场的。"

即使对未来的市场空间充满信心，李金榜仍不无担忧地说："公司小的时候，如果缺钱，我们还可以东借西借，维持运转。公司如果真的做很大了，再缺钱，我们靠自有资金就投不起了，这个是我内心一直担忧的事情。"

对于创业者来说，现金流一直是悬在脑袋上的达摩克利斯之剑。良好的现金流是企业的生命线，创业者需要时刻关注企业的现金流状况，开源与节流并重，保证资金链条的健康。多次创业的龙军对现金流也非常敏感："我前两次创业失败都是因为资金的问题，所以我对这次创业的财务管理非常谨慎。我们创业的第一年，三个创始人没有一分钱工资，直到 2016 年 7 月，激光雷达实现了量产出货，同时又拿到了投资人的资金，财务状况有明显改善，我们才开始每月领几千元的生活费。我们三个创始人都认为创业最初的三年是最危险的阶段，所以不敢乱花钱，要做到未雨绸缪。创业是非常考验人的意志力的过程。"

俗话说得好，"众人一条心，黄土变成金"。即使在讲企业走过的弯路时，龙军也始终面带微笑，保持着乐观、谦和的态度。李金榜讲到因为孩子开始上幼儿园而家庭花费陡增，自己的收入却非常有限时，淡淡的一句"靠妻子养活全家"，饱含着对家人的深深感恩，以及对创业的执着。

【创业心路】

创业过程中内心变得更强大

龙军

我本人出生于商人之家，父母是做医药生意的，三叔经营的药厂年产值过 10 亿元，所以我从小就喜欢研究生意经。应该说，家人经商对我选择创业有很深刻的影响。

创业是一个很漫长而艰辛的过程，特别需要家人的理解和支持。我的妻子就是在我第二次创业时认识的，她目睹了我第二次创业的失败，但她当初看上我这个人，没有因为我创业失败而看轻我，所以我们俩在 2015 年年底就步入了婚姻殿堂，现在还有了一个可爱的女儿。

我知道硬件行业不像互联网、电子商务发展那么快，它的发展比较平缓。我之前有过两次创业经历，有过大起大落的经历。所以，我个人更喜欢务实、扎实、稳健地运营一家企业。我们公司自创立以来，没有主动炒掉一个员工，这主要是因为我们想稳健发展，对每个员工都很珍惜的缘故。

应该说，创业给了我们更深刻的人生感悟，更智慧和透彻的见识，我们的内心会在创业过程中变得越来越强大，越来越有责任和担当。

【创业法则】

求新求变是草根创业者的"救心丸"

龙军与合作伙伴一起凑了 60 万元做家庭陪护机器人，可在高交会上亮相时，发现没有人愿意买单，落到"颗粒无收"的境地。雪上加霜的是，三个人的创业经费已经全部用光了。对于下一步何去何从，他们经过痛定思痛，很快就清醒地认识到当前家庭服务机器人没有足够的市场接受度，知道企业要活下来，如果继续走家庭服务机器人的路线，肯定行不通，必须另辟蹊径。最后他们达成共识，从研发机器人转到主攻机器人的核心零部件——激光雷达和导航模块，找到了正确的创业方向，顺利获得了大订单，这才让企业起死回生。

由此可见，求新求变是草根创业者的"救心丸"，也是草根创业型企业的核心竞争力所在。根据用户需求，灵活调整方向及策略，不断反思和适应形势，从而大大提高生存能力——对其他类型的创业者而言，这也是适用的。当某个方向走不通的时候，创业者应该具备变通能力，懂得根据形势调整方向，打开新的局面。

【人物档案】　📍　龙军

　　龙军，毕业于广州大学，深圳玩智商科技有限公司（EAI）联合创始人兼 CEO。曾先后创立电子商务平台"121 waiter"、生活服务 O2O 平台"e家修"。曾任职于大金集团。

【人物档案】 ♀ 李金榜

　　李金榜，毕业于北京理工大学，深圳玩智商科技有限公司（EAI）联合创始人兼软件负责人。曾任职于网易、腾讯等。

【人物档案】 ♀ 王品

　　王品，毕业于湖北大学，深圳玩智商科技有限公司（EAI）联合创始人兼 CTO。曾任职于华为。

陈冠南：我创，故我在

与陈冠南约好了采访时间，可他在电话里说正在处理工厂的紧急事情，实在没办法准时赶到。可以想象，这应该是早期创业者的一种常态：突如其来的意外情况需要及时处理，人手又不够，大多需要亲力亲为。

和其他创客的办公室不一样，陈冠南简单的办公桌旁边还有一个陈列着各式眼镜的货架，这大概就是他经营的主业吧。陈冠南说："这不是我第一次创业了，大学还没有毕业我就在学校开始做生意了。"这见面第一句话，就让人发现他是个喜欢折腾的主儿。

对创业一直怀着憧憬

2007 年，还在湖南工业大学多媒体设计专业读大三时，陈冠南就与两个同学合作，针对大一、大二学生进行设计软件培训，半年时间就赚到了两年的学费。在这次创业中，他看清楚了设计在整个产业链中的定位，虽然设计师的创意能增加产品的价值，但在当时，设计师在企业里地位并不高。他说："不像今天，商品的'颜值'很重要。过去产品的'颜值'不受重视，都是老板说了算。我看清楚了这一点，后来在选择职业方向时，就特别注意避免去做纯粹的设计师。"

初次创业就尝到了甜头，所以陈冠南在 2008 年大学毕业后不久，又开始创业了。当时，他在做销售工作，发现电子杂志非常火爆，于是找了合作者，一起在广州成立公司，针对服装企业、机械类企业策划电子杂志营销、博客营销。虽然业务很多，但由于是针对企业客户，所以回款很不容易，一年之后，应收账款积累很多，现金流出现了问题，服务也跟不上，最终这个项目被投资人收购了。

2010 年，陈冠南黯然离开广州。

这两次创业带给陈冠南不一样的体验和收获，但他对创业一直怀着憧憬。2010 ~ 2014 年，他在深圳一家机顶盒公司做销售的时候，仍不忘寻找再度创业的机会。

再次创业，三大"撒手锏"拓展市场

2014 年年底，陈冠南与朋友一起筹备一家新公司，专门针对女性市场，主要瞄准女性的包普遍偏重这个特点，想通过改变设计、结构、材质、制作工艺等，让女性随身携带的太阳眼镜、太阳伞、水壶等的重量大幅减轻，从而减轻整个包的重量。

2015 年春天，陈冠南第三次创业的深圳轻昵科技有限公司（简称轻昵科技）诞生了。同年 6 月，轻昵科技入驻中科创客学院，不久之后，就获得 100 万元的种子轮投资。

但陈冠南在开拓市场的时候发现，女士对太阳伞、水壶等产品的价格敏感度很高，即使开发出更为轻便的产品，她们也不一定愿意为此买单，因为她们更倾向于价格便宜的商品。

如何才能开发出既叫好又叫座的产品？陈冠南对正在开发的系列产品逐个研究，发现过去对打入市场的产品设计不够精准，品类太杂，如果选择一款产品精雕细琢，让用户更轻松地生活，这也符合用户的需求。比如，眼镜属于一种个性化产品，不仅要轻巧，更需要与自己的外形贴合。能否针对眼镜进行更高层次的创新呢？

陈冠南进一步调查我国眼镜的市场需求，发现眼镜的市场规模大且增长速度快，光学眼镜每年增长 8%，而近视太阳镜与近视运动眼镜是新品类，是急需开发的增量市场，空间大，利润可观。

陈冠南开始仔细研究传统眼镜行业的缺陷，他说："传统眼镜行业缺乏个性，眼镜购买者通常通过前往眼镜店试戴镜架来选择最适合自己脸型的眼镜，是眼镜挑人，而非人挑眼镜，缺乏真正的私人定制。另外，传统眼镜行业净利润低，是由眼镜品牌开发产品下单给生产工厂制造，再发货给眼镜连锁零售店代销，最终让消费者购买。我国市场因发展原因，眼镜零售店承载了原本专业医疗机构该干的验光服务。眼镜零售店都是通过免费验光吸引客源，把验光的费用转嫁到镜片上。眼镜品类在我国还停留在基本功能需求阶段，对舒适度与美观度的需求因价格而受到挤压，因而更换频次低，平均每 1.8 年换一次。行业整体链条太长，看似零售店获取了高毛利，但运营消耗了绝大部分利润，净利润较低。"

陈冠南申请了"独美"的商标，他认为轻昵科技做互联网定制眼镜大有前途，至少有三大"撒手锏"拓展市场。

第一，柔性化供应链，抓住市场。独美整合并优化传统眼镜生产供应链，形成自主设计、自建渠道、仓储和物流完整体系，柔性化供应链，保障 24 小时发货，定制且不用等。

第二，深度定制。研发了人脸识别算法与虚拟试戴模块，1～3 秒的三维点云数据重构技术。已采集了 5000 个人脸数据，采用以数据为依托的脸型分类算法，逐步构建中国人自己的 3D 脸型数据库，为眼镜定制与未来商业版图的拓展提供了更多可能。

第三，模块化结构设计，解决库存问题，提高利润。模块化结构设计，只有小批量的零部件库存，无成品库存。这是极速周转率的底层保障。

我们还在路上

陈冠南与创业团队成员把互联网定制眼镜作为新的发展方向，而且网罗到一流人才的加盟：澳大利亚卧龙岗大学（University of Wollongong）交换博士、香港大学博士后丁毅主要负责三维点云数据重构技术，武汉科技大学的朱子奇教授对图形算法技术很在行，可以帮助用户实现通过互联网选购眼镜。

"独美核心技术包括独美（Uniir）应用程序的人脸识别分类与美学搭配推荐算法、应用程序虚拟试戴模块、独美 3D 脸型扫描硬件系统、三维点云数据重构与分析系统。"陈冠南俨然成了眼镜专家。

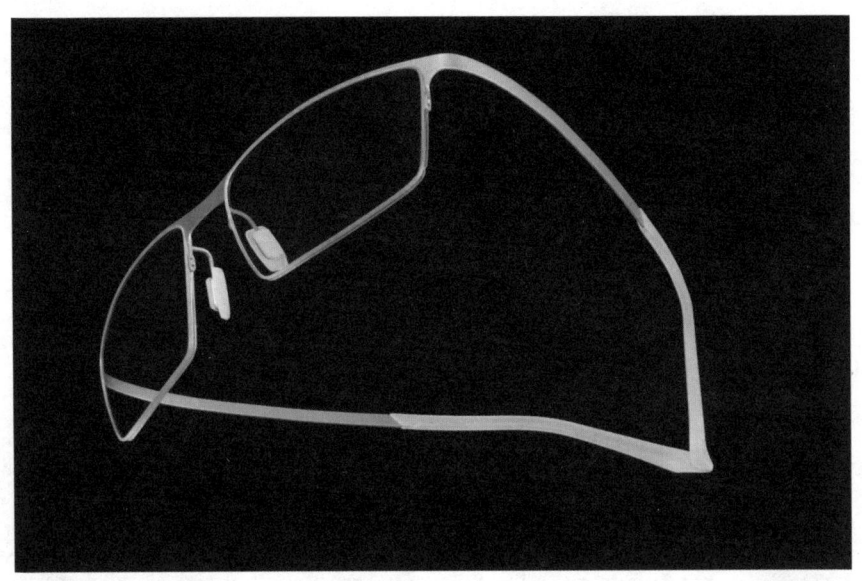

定制眼镜展示

其实，他作为营销人才，谈起移动互联网垂直销售市场更是如数家珍。

陈冠南说，随着"互联网+"时代到来，网络购物量增长，预计到 2020 年，网络购物规模将达到 1.9 万亿美元，42% 的私人消费增长将来自网络消费。消费者对于高端产品及服务的需求激增，消费观念也将从"购买产品"转向"享受服务"，从"满足日常需求"变为"改善生活品质"。他介绍，结合"互联网+"时代以及消费方式改变这两个特点，通过移动互联网垂直销售是独美今后的主要发展渠道。

就在 2016 年的圣诞节前，陈冠南在京东上发起第二期众筹。"第一期众筹了 271 万元，我们工厂加班加点制作，6300 副眼镜刚发到全国各地，反响不错。现在准备启动第二期众筹，效果也很好。"他说，现在销售的是"一体成型眼镜"，用户只要在网上提交准确的验光单，就可以配眼镜，虽然价格不贵，利润一般，但可以搜集到很多用户的数据，比如光学数据、脸型、颜色喜好等，这样在下一步直接做互联网上的 3D 脸型扫描、虚拟试戴等新产品营销时，就会有非常好的效果，到那个时候，用户体验会得到更大的改善。

轻昵科技的三位创始人创业时的平均年龄是 32 岁。这个年轻的创业团队在 2015 年高交会"创客之夜"拿下大赛一等奖，2016 年在第三届深圳移动互联网创新创业大赛中获优胜奖、在中西部民族地区首届创新创业大赛中获移动互联网组二等奖。

陈冠南语气急促，却充满信心："虽然在 2016 年实现销售额 300 多万元，但我们还是刚刚起步阶段，产品开发也到了关键的时候，2017 年会有天使轮投资者加入。我创，故我在。我们还在路上！"

【创业心路】

"小个头"做了"大行当"

陈冠南

有个投资人评价我们是初创期的"小个头"企业，却做了一个"大行当"，就是前端要解决消费者个性化需求与批量化生产的矛盾，这个就是政府提出的供给侧改革的目标，未来有很大的前途。

我们不能等到万事俱备才开始创业呀，所以看好这个领域，我们就开干了。我们知道互联网产品肯定要以渠道建设为主，而且对用户的理解要深刻、信息采集要亲力亲为，才能构建较高的竞争壁垒。

当然，在这个过程中我们也走了不少弯路，比如运营推广方面缺乏聚焦，由于对渠道本身不了解，所以我们以前做过微商、在商场推广，花了很大精力，效果反馈比较慢，后来调整为以众筹为突破口、多渠道一齐推广的模式，反馈非常好。

【创业法则】

创业者要善于抓大势

陈冠南说："通过移动互联网垂直销售是独美今后的主要发展渠道。"这是他经过摸爬滚打总结出来的经验，同时也符合目前的消费大趋势。

在微信、商场等渠道碰壁之后，陈冠南改变了方向，在京东众筹，第一期众筹了 271 万元，第二期效果也很好。他们现在销售的"一体成型眼镜"虽然价格不贵，利润一般，但可以搜集到很多用户的数据，比如光学数据、脸型、颜色喜好等，为下一步直接做互联网上的 3D 脸型扫描、虚拟试戴等新产品营销做足准备。

独美前期花大力气整合并优化传统眼镜生产供应链，形成自主设计、自建渠道、仓储和物流完整体系，为给用户提供良好的定制服务奠定了扎实的基础，后期将开设线下体验店，将定制体验与贴心服务惠及万家。

陈冠南善于抓住消费大趋势，消费者对眼镜的个性化、"颜

值"等需求在未来会越来越普遍，独美顺应潮流先行一步，并
且网罗一流人才，用专业人才队伍构筑更高的技术壁垒，为未
来的发展赢得先机。

【人物档案】　♀　陈冠南

陈冠南，毕业于湖南工业大学，深圳轻昵科技有限公司总经理。

后记

每一粒米都有它的潜力

曾读过这样一个故事：

大师说，每一个人都有他的潜力，就如每一粒米都有它的潜力一样。

有人问，米有什么潜力呢？

大师回答，大家看过酿酒吗？酿酒师把米蒸熟，再把蒸熟的米放进缸里，然后把缸密封起来，让米与外界隔绝，隔绝外界的喧嚣与繁华。一段时间后，缸里那质朴的米便酿成了醇香的酒。这时，几元钱一斤的米开始成为几十元、几百元，甚至上千元的酒，这就是米的潜力。

大师顿了顿，看了一眼大家，继续说，米的潜力是怎样形成的呢？就是从它在缸里密封的那一刻开始，从它隔绝外界的喧嚣与繁华开始，是黑暗、孤独、寂寞、沉静"酿"就了它的潜力。

每一个人，尤其是每一位草根创业者潜力的挖掘和开发，也是如此啊。在创业的道路上，每个人注定是孤独的，尤其是在关键技术攻关的阶段，更是感到黑暗而寂寞。

李天奇是一位草根创业者，本来是学文科出身，对电路、材料等一窍不通，他居然带领团队用四年时间做出了一种应用前景非常广阔的透明电路板，在2016年获得全国创新创业大赛的奖杯，赢得了投资人的青睐。李天奇说："创业之前，我几乎没有白头发，为了开发这个透明电路板，如今已是双鬓斑白了！"话语之外，透出多少辛酸。在没有一分钱销售收入，只有大笔投入的那段时间，李天奇必须忍受黑暗、沉静、寂寞的煎熬，孤独地承受来自股东、家庭等方方面面的压力，还要带领团队继续一步步地向技术难关冲锋。

草根创业者，一般根基不深，起步艰难，如果在摸索中走了一段弯路，就很容易钻进黑洞，茫然失措。EAI的三个创始人一起凑了60万元做家庭陪护机器人，原本想亮相高交会后就能拿到一些订单，会有一些销售收入，没想到竟颗粒无收。三个创始人也因此茫然过，痛苦过。

在一些关键时刻的前夜，或者在不被周围亲友理解的时候，创业者更是无比寂寞、无助。正如罗振宇所言，"创业者必须孤独地做决定，并且独自承受后果"。陈大立也是草根创业者，从中文专业毕业，从一名中学教师变身为喷涂机器人行业领军企业家，这一路的打拼浸透了汗水与艰辛。在2013年春天，陈大立将一手创办的泰达机器人从东莞迁到深圳，如今泰达机器人不仅在深圳站稳了脚跟，还将客户群体拓展到飞机、船舶、重化工等领域，成长为喷涂机器人行业中的"小巨人"。这证明了当年陈大立"逆势而为"的战略眼光。鲜有人知的是，当初陈大立做此决定时遭遇了多少至亲的质疑和不理解。可以想象，当时陈大立是何等孤独而寂寞，但是他的"一意孤行"成就了他。

不论是孤独还是黑暗，创业者都要独自承受，就如米发酵成酒的过程，潜力就是在看似绝望的情境下激发出来的。草根创业者能利用的资源非常有限，进入创业通道之后，要学会隔绝外界的喧嚣和繁华，独自面对各种难题的挑战。

当然，酿酒也会有失败的时候。经验丰富的一流酿酒师也无法保证每缸酒都万无一失。但可以确信的是，每粒米都经过了发酵，也就是它们的历练——黑暗、孤独、寂寞一样都不会少。本书收录的草根创业者，虽无法确保和预测每个人都会成功，但本书的每一个句子、每一个段落都可以作为他们所经历的种种创业磨砺的见证，既可以供他们回味咀嚼和反思总结，又可以为后来者提供弥足珍贵的借鉴。

每一位创业者，都值得我们尊敬！